木
瞳

看不见的养育
看得见的成长

成为自己 · 触动孩子

叶月幽 著

图书在版编目（CIP）数据

看不见的养育，看得见的成长 / 叶月幽著. —北京：北京联合出版公司，2017.7（2017.10 重印）

ISBN 978-7-5596-0515-3

Ⅰ. ①看… Ⅱ. ①叶… Ⅲ. ①亲子教育 Ⅳ. ①G781

中国版本图书馆 CIP 数据核字（2017）第 132660 号

看不见的养育，看得见的成长

作　　者：叶月幽
选题策划：木晷文化
策划编辑：朱　笛
责任编辑：张　萌
特约编辑：刘　卿
全书绘画：Dola Sun
书籍装帧：介　桑

北京联合出版公司出版
（北京市西城区德外大街 83 号楼 9 层　100088）
北京东方宝隆印刷有限公司印刷　　新华书店经销
字数 112 千字　　880 毫米 × 1230 毫米　　1/32　　7.25 印张
2017 年 7 月第 1 版　　2017 年 10 月第 2 次印刷
ISBN 978-7-5596-0515-3
定价：39.00 元

推荐序
真正的智慧是让对方觉得——我也行 / V

自序
愿我成为一道门 / XI

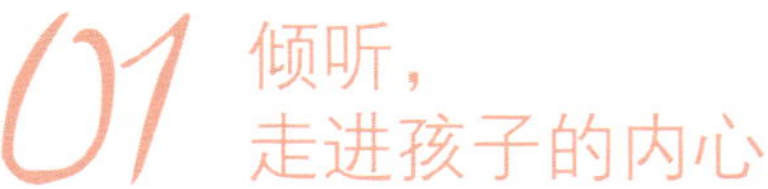

01 倾听，走进孩子的内心

如何疏导孩子的情绪 / 002
倾听执拗期的孩子 / 009
关注人而不是事 / 015
“看见”的力量 / 021
先处理情绪，再解决问题 / 031
倾听，赋予孩子内心的力量 / 040

02 表达，创造有效的双向沟通

究竟要不要给孩子立规则 / 050

消除影响，而不是禁止行为 / 060

每个人的需求都值得被尊重 / 066

孩子入园，你准备好了吗 / 073

给不愿等待的孩子的治愈系故事 / 085

03 家有俩宝，生活中的笑与泪

为两个孩子许下爱的承诺 / 094

这一地鸡毛的生活 / 100

你不是脾气暴躁，你只是需要休息 / 107

双宝之争，不做法官 / 114

04 爱，就是心底的那一束光

由育儿引发的家庭大战 / 126
当无条件养育撞上公立教育 / 136
所有的方法都是帮助我们找到爱 / 144
认出生活中点点滴滴的爱 / 151

05 父母的自我成长

不做被育儿理论逼死的父母 / 162
你是世上最好的妈妈 / 171
由安慰引发的自我觉察 / 180
你对孩子的教育，是出于爱还是恐惧 / 186
警惕自己的育儿优越感 / 193
你是在接纳，还是在忍受 / 199

后记

我的选择，无须孩子证明 / 205

· 推荐序 ·

真正的智慧
是让对方觉得——我也行

叶月幽，江湖人称“叶公子”，喜爱中式服饰，衣袂飘飘，看似温婉清纯、不食人间烟火，实际上这家伙内心火热，恨不能把整个人间给吞了！

话要从我俩的相识过程说起：2012年，这姑娘突发奇想，一头长发不好好留着，非要去理发店受虐，接连遭遇数位“二把刀”理发师，越剪越不成样子，修了好几次，从“长袍”剪成“裤衩”，最后只能推个短发。她拿着我的照片跟理发师比画，谁知人家竟给她剪成了当时被全国通缉的“平头男”！这姑娘咬着满口的碎牙上微博吐槽，贴了一串对比照，我隔着屏幕笑得涕泪横流。这么幽默的人，一定要认识！

就这样，我俩接上了头。话说一般号称“粉丝”者，一开始都毕恭毕敬地隔着老远腼腆地互动。这家伙，居然蹬鼻子上脸，一个“飞的”从长沙到北京，揪着我的脖领子拉到我常去的理发店，要我的“御用”理发师给她剪头发，就照着我的脑袋剪！（后来看看，她其实不适合留我这样的短发，还是长发更合适。）

好了，言归正传，不然这家伙又要来揪我脖领子了！

那时候，叶月幽已经读过我的好几本书，自己也一直坚持母乳喂养两个孩子。后来，她带着宝宝来参加我的艺术养育工作坊。再后来，她通过严格的筛选和考核，成为我的（引狼）入室弟子——首届“小巫督导艺术养育讲师”。

叶月幽的那篇流传甚广的原生家庭剖析文章——《一个妈妈的自我剖析和成长》，让我很是感慨。成长在这样一个典型的中国式家庭里，她没有沉溺于过去，没有愤恨抱怨、哀叹不幸，也没有合理化伤害，而是选择去看清和反思，让伤痛不再往自己的孩子身上传递。她很坚强，有慧根，有悟性，愿意改变，这是她孩子的福气，是她自己的福气，也是读者的福气。

叶月幽是一个天生的“学霸”，从小就是，长大了还是。在照顾两个幼子的同时，她保持着极高的学习热情。这些年她在专业的道路上越走越远、越拓越深，各领域、各流派均有涉及，并在生活中不断实践、体悟、融会贯通，形成自己独特的一派画风。作为一名经验丰富的讲师，她已经开办了数十场工作坊，讲座和读书会更是场场爆满。

叶月幽的文字有一种温度，读她的文章，就像寒冷的冬夜里捧着一杯热茶，暖胃暖心。她从没想过要把自己塑造成完美的专家形象，居高临下地指教父母们哪里没有做好，而是深刻地看到他们内心最需要的支持和帮助，温柔地给予力量和抚慰。她也从不口若悬河地灌输大道理，而是通过她的文字，让大家检视自己的内心。有学员说：“所有关注的微信公众号中，未读的推送有很多，但似乎一直就在等待叶老师的文章，每次都会被深深地触动。”

更为难得的是，强大的思维、缜密的分析能力、丰富的情感、细腻的内心，在这位学霸身上兼容并蓄。她的文章条理清晰、语言精练，读着不费劲，时而妙语连珠，时而幽默自嘲。文字毕竟片面，照片也会遮掩大部分真相，凡是见识过“叶公子”本尊的，都会被她犀利、泼辣、豪爽、天真、声情并茂、活色生香的个性感染。真实的她，坦诚、亲切、体贴、周到，从不掩饰自己的脆弱，擅长自黑，却处处显露出内在的力量。

这些年来，叶月幽一直在分享她的学习和成长感悟。她的文章，有经历、有思想、有文采、有灵魂，篇篇发乎于心。我一直劝她将文章结集出版，如今，这本书终于千呼万唤始出来。她的书，是一篇篇实打实的成长体悟，可以说既有专业度，又有生活性；既有理论支撑，又很平实易懂。读起来时而令人捧腹，时而催人泪下。正如她所说，她一直在学习中成长，在生活中修行。

这本书里的文章，凝结了她生活中实践的体会和成熟的思索，融会贯通了这些年她所学习的各种体系的精髓，以及平日里在摸爬滚打中自己咂摸出的经验。相信每一位读者都会从中获益匪浅，也希望父母们在读完此书之后，不仅更加了解如何与孩子相处，而且对于自己也多一份接纳和自信。

叶月幽说：“比起纠正孩子的行为，我更关注的是父母的内心。”父母们读到这本书，会由衷地感到被理解、被倾听，甚至是肩并肩的支持。我自己做老师的宗旨，也是对门下艺术养育讲师弟子推崇的宗旨就是：真正的智慧，不是在对方面前孔雀开屏，以彰显自己有多牛，而是让对方觉得——我也行！

小巫

· 自序 ·

愿我成为一道门

2011年，叶儿出生。2013年，叶新也来到了我的生命里。孩子的到来给我带来无比的欣喜、快乐、幸福和甜蜜，同时也带来各种纠结、疑惑、焦虑和痛苦。那时的我，带着心灵的旧伤，很多时候不知道如何去面对纯洁无瑕的小生命。在孩子带来的巨大的爱的冲击面前，我手忙脚乱、不知所措。

为了赶上他们成长的脚步，我不断地看书、学习，同时开始审视自己的成长经历。曾经的伤痛一点点浮现，我慢慢看到自己的心理伤痕，看到自己坚如钢铁般的防御，看到自己一直在用冰冷的外壳保护自己。2012年，我写下了《一个妈妈的自我剖析和成长》，随手发到网上，没想到被大量地转发、转载。到现在，这篇文章的阅读量已经过百万了。

在数万条留言和来信中，我才知道，我们这一代人的成长是有共性的。而我们已经回不去了，现如今我们有了孩子，要如何对待他们，才能斩断这一代又一代轮回的链条呢？这是我一直在思考的问题。

这几年，我一直坚持在学习成长的同时写一些文章和大家分享，也因此得到了很多支持和关注，这让我无比感动，觉得自己非常幸运。经常在课堂上听到："我从逛××论坛起就看你的文章，今天终于见到活人了……”“几年前我看到你的一篇文章后就开始关注你，没想到能有机会参加你的课程……”我真的觉得特别荣幸，能有这么多志同道合的朋友一路陪伴、见证我的成长。

你们看着我这几年的成长，看着我在一地鸡毛的生活中挣扎，看着我在俩娃的陪伴中欢笑，看着我努力想摆脱过往的伤痛但还是经常深陷其中，看着我忽而嬉笑怒骂，忽而犯二耍贫……

说到写这本书，我心里确实很没底。一直觉得自己只不过是比较幸运而已，并没有做什么，只是参加了一些学习，写了几篇文章，却能够得到大家的支持和关注，这让我心生惶恐，不敢怠慢。我一直战战兢兢没有把握，担心自己能力不足，给不了大家有价值的帮助。直到有一天，小巫老师当头棒喝：“你为什么总担心自己不够用呢！”

我一下子愣住了。是啊，我为什么总担心自己学得不够深，书读得不够多，内心不够强大，自我成长得不够好呢？我这是把自己放在了一个什么位置？

其实大家喜欢看我的文章，并不是因为我写得有多高深、讲了多少大道理，而是大家看到了一个和自己一样普通的妈妈，有担心、有恐惧、有纠结、有低落，面对着一堆的不理解、不支持，却从未放弃对美好生活的追求，依旧在自己选择的道路上执着前行，因而才会有共鸣、有欣赏、有祝福。

说起来，我们这一代人其实挺郁闷的，当我们还是孩子的时候，所有人都在指责我们不听话、不懂事；现在我们成为父母了，舆论的矛头又掉转过来继续指向我们——父母做得不够好，不懂得教育，伤害了孩子。然而比起指责、抱怨，我更愿意去想想自己能够做些什么来帮助这些父母和孩子。

随着学习和分享的不断深入，我发现太多的父母喜欢问“怎么办”，但所有的“怎么办”最终都会回到你自己身上，回到你是如何看待自己，如何看待生命的。因此，相比去修正孩子的行为，我更愿意关注父母们的状态。这本书也是如此，它可能不会教给你“孩子不吃饭怎么办”“孩子不睡觉怎么办”，但我希望它能带你去靠近自己的心。

这些年我带领了几十场工作坊，回想起走过的城市、见到的人、听到的故事，很多复杂的感受绵绵密密在心头。有时候会有素未谋面的学员告诉我：“你有篇文章里的一段话特别打动我，真的解决了我的一个大疑惑，让我有豁然开朗的感觉。每当坚持不下去的时候，我就会打开你的文章看看。”也有只见过一次的朋友，多年后再次相遇时对我说："你知道吗，第一次见面时你对我说的那句话我一直记在心里，让我克服了种种艰难，一直坚持到现在，终于收获了美好和幸福。"

每当听到这样的话，我都会无比感动，并不是因为自己做了多大的事情，而是看到那些原本蕴藏在大家身上的美好和力量，逐渐开出美丽花朵的震撼。我怀着崇敬之心，分享前人的智慧，同时带着喜悦之情，聆听大家的故事。每次听到大家的反馈，我都能感受到每个人身上的力量与坚韧，都会被这样的美好打动，也让我更加坚定地走在这条路上。

其实很多时候，成长不在于我们能做什么天大的事，不在于我们能去改变别人什么，而只是我们彼此陪伴着走在这条路上。至少我们知道在这个世界上，有人跟我们一起努力着，心里就多了一点温暖，哪怕只是一点点。

为什么我一直专注于家庭教育，不仅仅是因为自身的童年经历，更多的是因为家庭是人寻找自我的地方，是一个人第一次判断自己是否有价值的地方。在家庭中，我们第一次认识自己是什么样的，并学习如何与他人及世界建立连接。随着学习的深入，我越来越庆幸自己走上了这条自我成长之路。或许在未来，我将更多地关注成为一个完整的人意味着什么。我希望自己成为一道门，穿过这道门，让我们一起遇见内心深处的渴望及自我，遇见无条件的爱。

据说每个人都是带着自己的使命来到人世间的。也许我今生的使命就是去传播，将我学习、体验、经历到的，加以吸收与整合，分享给他人。愿继续在专业上潜心钻研，身体力行地去传播与践行。愿投身于这过程之中，只问耕耘，不问收获。

百年后，真正有意义的，不是你住过多大的房子，开过多贵的车，有过多少存款，而是因为你影响了一个孩子的生命，世界因此变得不再一样。

和孩子一起，去体验生命、拥抱幸福吧。不必担心你没得到过无条件的爱，给不了孩子你没有的东西，你的孩子会给你的。总会有一个天使因你而来，让你懂得生命的全部意义。这一生，再也不会有一个人，像你的孩子这样爱你。

01

倾听，
走进孩子的内心

如何疏导孩子的情绪

经常听到有妈妈询问："我的孩子一发起脾气来就是'我偏不！''我就要！'，不管怎么讲道理都没有用啊。""我的孩子动不动就哭，一点小事也要哭半天，无论怎么说都不行。"妈妈们的描述都指向同一个问题：当孩子情绪很糟糕的时候，如何帮助他们疏导情绪。

当孩子发脾气的时候，我们最常用的大概就是讲道理了。给孩子分析、说教，希望他能够明白我们的一片苦心。然而现实并没有那么美好，他在气头上，哪里听得进道理？于是为了平复事态，那就转移注意力吧，带孩子看看猫看看狗，给个玩具，赶紧息事宁人最重要。

看起来孩子似乎忘记了这件事，不哭不闹了，但妈妈们会发现下次类似的事情再发生时，他的情绪会更加激烈。那是因为当孩子情绪高涨的时候，他的内心有许多强烈的感受，这些感受需要得到自由表达。可是我们习惯性地否定孩子的感受，认为他是无理取闹。我们耐心的时候还能苦口婆心地摆事实、讲道理，不耐烦的时候可能直接就是斥责或强行打断。

看看下面这段对话：

孩子：“我的小兔子今天早上死掉了！”

妈妈：“宝贝，别难过了。”

孩子：“呜呜呜……”

妈妈：“别哭了，不就是只兔子嘛。”

孩子：“哇哇哇……”

妈妈：“有什么可哭的，我再给你买一只不就行了。”

孩子：“我就要这只小兔子！”

妈妈：“你真是无理取闹！”

不知道这样的场景大家是否觉得熟悉，孩子就要那块碎掉的饼干，就要那个坏掉的玩具等等。这个时候我们想尽办法安慰、说教、给建议，可是孩子并不会因此情绪好转起来，反而哭得更大声了。这是因为我们所做的一切，都是在否定孩子的感受。

感受如果得不到表达，就会形成情绪。情绪如果得不到疏导，就会一直被卡在心里。尤其是当孩子哭的时候，我们使用各种方法想让他停止哭泣，这个引发哭的感受就被卡住了，没法流动，于是情绪就这样被积累下来。

我们换位思考一下。如果你和伴侣吵架了，觉得很伤心，你会选择和自己的父母倾诉吗？通常情况下是不会的，因为我们几乎都能想到父母会给我们什么样的回应。

“别想那么多了，夫妻俩哪有不吵架的？你看我和你爸，吵吵闹闹一辈子，不也这么过来了。你们孩子都有了，难道还离婚不成？日子总是要继续过下去的嘛。”

“别哭了，哭有什么用啊？男人嘛，都是这样的，换成别人可能还不如他呢。想当初我和你爸……”

“肯定是你做了什么事情不如他的意，他才和你吵架的。这就是你不对了，他在外面工作压力大，作为女人，你就应该多体贴一点，多包容一些。”

……

如果得到的都是以上的回应，你会有什么样的感受呢？是不是感到心里很堵？可是明明大家都很关心你啊，都在动之以情、晓之以理，为什么我们的心情却不会好起来呢？因为这些回应都没有顾及我们此时此刻难过、委屈、气愤、伤心的感受。当我们有这么多复杂的感受时，我们不想听大道理，不需要别人给我们出主意，只想有人能明白我们的经历，能耐心听我们倾诉，能理解我们的感受。

如果有情绪的时候不去表达，要生气的时候说不能生气，想哭的时候说不能哭，很多东西就会积压在心里。我们不断积累情绪，直到有一天因为一件小事而爆发。爆发之后我们会后悔，觉得自己不应该那么做，于是再度压抑，不断积累，下次又重新来过。

我们平时总在“控制”情绪，其实情绪是没办法控制的，它会一直积累，直到有一天，我们反被情绪控制了。所以当孩子情绪高涨的时候，我们要做的第一件事就是帮助他把感受表达出来。倾听孩子，就是在帮助他表达感受、疏导情绪，运用自己的智慧找到属于自己的解决办法。

同样的场景，如果换成下面的对话，孩子的感受会不会好很多呢？

孩子：“我的小兔子今天早上死掉了！”

妈妈：“啊，是吗？真没想到。你一定很伤心。”

孩子：“我昨天还教它玩游戏呢。”

妈妈：“你们在一起很快乐。”

孩子："它是我的好朋友。"

妈妈："失去朋友真的让你很难过。"

孩子："我还每天喂它菜叶呢。"

妈妈："嗯，你很关心它。"

妈妈没有试图安慰孩子，也没有讲什么大道理，只是去倾听孩子，去跟随孩子的感受。当孩子可以自由表达、感受得以自由流动时，他就会慢慢平复下来，也能够面对自己遇到的问题了。

我们的大脑在平衡状态的时候，一半是情绪，一半是理智。当我们的情绪很糟糕时，理智就会被挤得只剩下一点点，这个时候我们是没有办法好好思考的。这就是为什么很多妈妈会发现，平时和孩子讲道理，孩子都答应得好好的，但是一遇到事情，什么道理都没用了。那是因为孩子不是不知道这些道理，而是在那个当下他做不到。因为情绪上来的时候，他没有理性思考的空间，而倾听就是在帮助孩子释放情绪，让大脑恢复平衡状态，让理智回来。

倾听是倾听者用自己的话对倾诉者提供的信息给予反馈，包括对倾诉者表达的信息及流露出来的感受做出回应。倾听旨在重述孩子的全部沟通信息，不仅包含信息的字面意思，还包括孩子在传达信息时的潜在感受。

倾听的时候，我们要保持专注，全然和孩子在一起，这样会让他感觉到被尊重、被重视。倾听除了要听到孩子所说的事实之外，还要帮助他表达感受。通过这样的表达，给孩子的是一种理解性的回馈，同时传递出同理心与接纳。

有一位妈妈分享了她家的案例：白天妈妈要上班，由外婆来帮忙带孩子，等吃完晚饭之后，外婆再回自己家去。有一段时间，每到睡觉的时候，孩子就会问："外婆呢？"妈妈说："外婆回家了。"孩子就哭，边哭边说："我要外婆！我不要外婆回家！"

之前妈妈会说："不要哭了，外婆明天还会来。这有什么好哭的？晚上外婆要回家休息啊。"可是孩子哭得更厉害了。这些回应就是在扔绊脚石。因为妈妈讲的道理其实孩子都知道，但在那个当下，他就是有伤心难过的感受。孩子需要的是感受被理解，情绪得以表达。

后来有一天晚上，妈妈尝试了一下倾听。当孩子哭着说想外婆的时候，妈妈说："你真的很想外婆。"孩子哭着说：

“嗯，我想外婆，不想外婆走。”妈妈说：“嗯，你想外婆一直待在我们家，不想外婆回去。”孩子说：“是的，外婆走了我好没意思，都不好玩了。”妈妈说：“你希望外婆可以陪你玩，这样你就不会孤单了。”孩子说：“对呀，妈妈，我们给外婆打个电话吧，让她明天早点来陪我玩。”

在这段对话里，妈妈没有安慰，没有讲道理，也没有转移孩子的注意力，而是陪伴孩子去经历他的感受。当孩子发脾气的时候，情绪占据了大脑，思考能力只剩下一点点。此时父母要做的就是倾听孩子的心声，帮助孩子表达感受，平复他的情绪，恢复他的思考能力，让他用自己的方法解决自己的问题，而不是去责备孩子。等情绪完全表达之后，孩子会逐渐平复下来，也会想到自己的办法。

很多时候，孩子很难表达出自己的情绪和感受，他只会发脾气，只会说“我偏不！”“我就要！”。他不知道这些感受叫作失望、沮丧、难过、委屈、愤怒……他不会分辨这样的感受。如果他被倾听了，下次再遇到类似情况的时候，他会知道发生了什么事情，也会找到解决问题的办法。

倾听执拗期的孩子

叶儿两岁半时，有一天洗澡，正玩得高兴的时候，忽然说："我要拉尿了！"然后从浴盆里走出来，还没有走到马桶那里，就已经尿了。小家伙哇的一声大哭起来，边哭边说："我要尿在马桶里！"

阿姨走过来说："没关系啊，洗澡的时候可以尿在地上的。"

叶儿不听，哭得更厉害了："我不要！我要尿在马桶里！"

阿姨说："那你到马桶上继续尿嘛。"（建议）

叶儿绝望地说："我没有尿了！"然后继续大哭。

我妈听到哭声也走过来，说："尿就尿了呗，有什么关系。下次再尿到马桶里就是了，有什么好哭的。"（安慰、指责）

叶儿听了，号得更厉害了，反复说："我要拉尿！我没有尿了！我要拉尿！我没有尿了！"

我妈烦躁起来："你怎么不讲道理呢？没尿就没尿，不许哭！"（指责、命令）

叶儿一屁股坐在地上，拼命蹬着双脚，哭得更大声了。

阿姨把叶儿从地上拉起来，擦干水，放在床上，准备穿衣服。但叶儿强烈反抗，拒绝身体接触，继续放声大哭。我拿了条浴巾包住叶儿，把他抱起来，走到我的房间去。我妈在身后气急败坏地咆哮道："你都八个月肚子了，还抱他！"

我随手关上门，抱着叶儿在房间里踱步。叶儿继续哭着，听起来很伤心。

我轻轻地抱着他，说："你想尿到马桶里，但是尿在外面了，你觉得很难过。"

叶儿哇的一声，仿佛积攒了好多的气，一下子都释放出来了。

我："你觉得拉尿一定要尿在马桶里，这次尿在外面了，所以你很难过。"

叶儿没有回答，但哭声明显变小了。

我继续走着："你还想尿到马桶里，但又没有尿了，这让你感到很难受。"

叶儿抽泣着："我难受！我难受！"

我抱着他："是的，你难受，嗯。"

焦虑的叶儿逐渐平静下来，哭声小了，仍有些抽泣。

我没有再说话，只是继续抱着他在屋里踱步，双手环着他，用身体告诉他，我理解，我明白，我愿意和他在一起。叶儿不再大哭，只是抽泣。很多时候我们和孩子的交流，不需要太多的语言，只要理解与陪伴便足矣。

“上完厕所还要冲水。”沉默了好一会儿，叶儿突然说道。

我：“啊，是啊，还要冲水。”

叶儿：“我自己冲水，我还帮妈妈冲水。”

我：“是的，你不但记得自己冲水，还会帮妈妈冲水，妈妈就不用挺着大肚子弯腰了，这让我觉得轻松很多。”

叶儿：“以后我也给弟弟冲水。”

我：“啊！好啊。不过弟弟刚出生的时候，还不会用马桶，要用尿片。到时候，你帮弟弟换尿片好吗？”

“好！”叶儿干脆地回答。

这时叶儿已经不再哭了，我问：“穿衣服好吗？”

叶儿说：“再抱一会儿。”

我：“好，再抱一会儿。”

叶儿用手环住我的脖子，头枕在我的肩上，胸口紧紧贴着

我的胸口，隔着衣服我似乎都能感觉到我俩的心跳。这种姿势让我感到他是那么信任我、依赖我，内心全然对我敞开。我早已不记得自己还身怀六甲，抱着他觉得舒服极了。

曾经有人问我："你童年的经历怎么会让你做到对孩子的爱和尊重呢？你给不了孩子你没有的东西啊。"是的，我也曾经一度很困惑，没有得到过的爱与尊重，我要如何给予孩子呢？然而现在我忽然明白了，我是得到了"无条件的爱"的，这个爱就是孩子给我的。他从出生以来就是那样信任我、爱我。无论我说什么，他都愿意相信；无论我去哪里，他都愿意跟随。这是怎样一种完完全全、彻底敞开心扉的爱啊！

很多妈妈都会发现，自从有了孩子以后，自己似乎脱胎换骨，像变了一个人。这正是因为孩子给了我们无条件的爱，融解了我们内心的坚冰，唤醒了我们的灵魂，重新赋予了我们爱的力量。

叶儿的执拗属于秩序敏感期的表现之一，通常两岁以上的孩子会经历这样一个时期，比如进门必须有先后顺序，电梯按钮必须由固定的人来按等等。孙瑞雪老师曾经提到，在建构秩序感这一特殊品质时，孩子的过分需求常常被认为是"任性"

和“胡闹”。孩子在这一时期常常难以变通，有时会到不可理喻的地步。我们并不知道其中的真正原因，但我们确切地知道，孩子的心理活动一定是有秩序的，并被要求严格执行。

对这时的幼儿来说，世界以不变的程序和秩序而存在。这种程序和秩序进入幼儿内心，成为他们最初的内在逻辑。这就是儿童的思维，有时称为“直线式思维”。随着年龄的增长，儿童的这种逻辑在形式上开始改变，不变的逻辑核心被抽象出来，在此基础上事物的形式就可以变化了，甚至千变万化。

之前家人对叶儿的回应，例如建议、安慰、指责、命令等等，在P.E.T.父母效能训练中被称为“绊脚石”，在孩子情绪高涨的时候，它们会阻碍沟通的顺畅进行。而当孩子有情绪时，我们去倾听他、陪伴他，帮助他表达内心的感受，孩子的感受得以自由流动，他的情绪就会逐渐平复下来。

关注人而不是事

我们经常听到一句话，叫作“对事不对人”，就是说，我们不把对方的行为评判引申到人格、人性等层面。而当我们倾听孩子的时候，另外一个视角也很重要，那就是“关注人而不是事”。

有位妈妈去幼儿园接女儿，老师告诉她孩子在幼儿园和其他小伙伴抢玩具，争执中被咬了一口，手上留了个很深的牙印。妈妈看到后特别心疼，把孩子拉到一边，仔细询问：“玩具是谁的？是谁先动的手？为什么不遵守谁先拿到谁先玩的规则？”回到家后，奶奶知道了，指责妈妈：“都是你教她什么守规矩、懂礼貌，现在看看，被欺负了吧！你就应该教她谁打她就打回去！”妈妈听了也开始自责，担心自己是不是真的教错了。

吃饭的时候，爸爸回来了，看到孩子手上的伤口，非常生气，拉着孩子就要去找老师：“这是在幼儿园发生的事情，老师必须给个说法。让幼儿园提供监控视频，我倒要看看事情是怎么发生的，老师又是怎么处理的。必须让对方给孩子道歉，不然就去教育局理论！”

听到这里，我不由得想问：“等一下，孩子在哪儿？”

看起来好像每个人都在关注这件事情，可是，谁在关心这个孩子？被咬的是谁啊？孩子被咬了会有怎样的感受？表面上好像所有人都在关心孩子，实际上每个人都在自己的头脑里面。当你的孩子在外面发生打闹受伤回到家时，无论你是义愤填膺地想要去评理，还是冷静地和孩子分析谁对谁错，都没有看见眼前这个委屈、害怕、伤心、难过的孩子。

所有的分析和总结都应该在处理完情绪之后。当事情发生时，我们不去评论谁对谁错，谁应该谁不应该。无论外面发生了什么事情，都比不上眼前这个孩子和他此时的感受对我们来说更重要。

去年曾经看到过一篇新闻报道：一个十二岁的女孩，在超市拿了一些巧克力及生活用品，被店主发现后通知了家长。女孩的妈妈赶到后先是打了女孩一个耳光，随后在和店主交涉的过程中也曾辱骂孩子。妈妈以为这下孩子应该知道错了，可是女孩在离开超市一小时后跳楼身亡。

不得不说这是一个悲剧。妈妈知道孩子“偷”东西之后无比恼怒，一心想要教育孩子，否则长大以后还了得？可是妈妈恰恰忘了孩子那一刻惊慌失措、羞辱绝望的心情。我没有指责这位妈妈的意思，因为她也是悲剧的受害者。然而如果妈妈可以不问对错，先安抚孩子的心，哪怕只是简单地说一句：“你还好吗？有没有被吓到？”也许结局就会完全不同。

每当看到孩子自杀的报道，很多人都会说现在的小孩太娇惯了，心理素质差，抗挫折能力低。其实不是因为挫折少了，恰恰是因为挫折太多了，孩子已经绝望了。这些挫折不一定是外界多大的打击，可能只是内心一直被否定的感受。孩子感觉不到爱和接纳，看不到任何美好，才会失去活下去的勇气。

其实，孩子不是没有勇气面对挫折，而是没有勇气面对父母的态度和责罚。孩子在家里感受不到价值和归属，就会封闭自己，不再信任父母。家，本应是无论你走多远，都心心念念想要回去的地方；是无论你在外面遇到多少挫折，一想起来就觉得温暖的地方。

父母能不能让孩子相信，无论外面发生了什么事情，在父母眼里，孩子都是最重要的。如果父母可以让孩子信任，孩子敢于表达自己的需求和感受，那么无论在外面遇到什么事情、什么打击、什么挫折，他都知道还有父母会给他支持，还有家这个港湾可以给他停靠。就算走投无路，也有一条路可以走，就是回家之路。

那么要如何才能让孩子信任呢？就是在孩子需要的时候，去倾听孩子，去跟随孩子的感受。事情永远不如孩子更重要。即便孩子可能会犯错，我们也可以带着满满的爱，去看看他需要什么帮助，而不是指责他、否定他、教训他。

托马斯·戈登博士说："感受和需求是我们人际沟通的两大基石。"我们成年人的沟通层次一般是：打招呼—谈事件—说想法—谈感受—说需求。比如我们平时见面首先会彼此问候，然后聊一聊最近发生的事情，对事件发表一些想法。在这个过程中，如果双方都感到真诚、恳切，没有被评判，我们就会觉得对方是安全的，这时候我们才敢于去表达自己内心深处的感受和需求。

而孩子的表达方式则恰恰相反，他们会直接谈感受和需求。孩子会和我们说："妈妈，我要你陪我。""妈妈，我好害怕。"可是我们给孩子的回应往往是拒绝和评判："这么大了还要人陪？你又不是小孩子。”“这有什么好怕的？太胆小了，男子汉要勇敢一点！”于是慢慢地孩子就不敢表达感受和需求了。

也许他还会谈想法：“妈妈，周末我想去同学家玩。”但有时候我们连他的想法也要否定：“玩什么玩，一天到晚就知道玩，作业写完了吗？下周就要考试了，复习了吗？要玩也要和成绩好的同学一起玩啊，别总是跟那些调皮捣蛋的混在一起。”如果孩子的想法经常被否定，慢慢地他就会知道，和父母谈想法是不安全的，是会被批评的。于是他就学会了隐藏自己的想法，把父母关在了心门之外，父母便不再有机会走入孩子的内心世界。

有多少青春期的孩子，回家后只和父母打个招呼，就躲进自己房间里？很多父母会问：“为什么我的孩子不和我沟通呢？”那是因为在孩子小时候，在他们缠着我们叽叽喳喳的时候，被我们一点一点推开了。孩子的心是从内到外一步一步离家出走的。

当我们谈需求和感受的时候，心和心的距离是很近的。只是我们成年人之间不再谈论感受了，因为我们会觉得谈论感受是不安全的。谈论感受是在敞开内心，当我们袒露自己的脆弱时，需要确定外界是安全的。

有时候我们会觉得夫妻之间、父母之间感受不到爱了，其实并不一定是真的没有爱。爱还在，只是我们没有办法感觉亲近了。因为如果我连感受都无法跟你表达，又拿什么来说爱呢？回想一下，谈恋爱的时候彼此都很关注对方的感受，那时的我们是如此亲近。事实上当我们能谈论感受时，不论对孩子还是大人，都是心与心的交流。

为什么在人际沟通中感受如此重要？因为谈需求和感受是在用心。很多时候我们说不知道对方心里在想什么，没办法走进他的心，其实就是因为双方无法谈需求和感受。这就是感受和需求在人际沟通中的重要性。

如果我们能够暂时抛开事情的对错，仅仅是专注地倾听，倾听孩子行为背后的需求和感受，孩子会感觉到被尊重、被接纳，觉得自己很重要、有价值。这种情况下，孩子是愿意和我们沟通的。如果要问："如何走入孩子的内心？"方法就是：给予孩子倾听的品质。

“看见”的力量

柴静有本书叫《看见》，我读完后感触很深。我们总是说要看见自己、看见对方，可是很多时候，我们只看到了事情的经过，有多少背后的细节被我们忽略？我们只看到别人的行为，有多少隐藏的渴望被我们漠视？

电影《阿凡达》里当杰克·萨利被纳威人接受的时候，他们说的是：“I see you.（我看见了你）”能够被看见，是一种归属。

看见，听起来那么容易，真正做起来却很难。回想我们的成长经历，有多少次我们觉得自己的想法和感受被父母、老师、伴侣真正理解了呢？当我们的需求、想法和感受被漠视的时候，我们实际上在对方面前是不存在的，于是我们的心门就关上了，开始学会用头脑生活。

生活中的我很擅长用头脑分析，这件事为什么不该做，那件事为什么要这样选择。但当我在自我探索的练习里被不断询问：“你当时的感受是什么？当你有那样的感受时，你是怎么想的？你的期待是什么？你的渴望是什么？你此刻内在发生了什么变化？你此时此地的感受又是什么？”我才发现，我根本说不出自己的感受，我无法描述出我的真实感觉，我的大脑和我的心是背离的，我感受不到自己的感受。

分析是我们最擅长的，当一件事发生的时候，我们会自动化地开始分析这件事，这是我们的逻辑习惯。遇到问题要分析，却没有顾及自己内心真正的感受。心被压抑了，心里有了情绪却试图用头脑解决，所以很多时候，我们会发现自己很不情愿地去做一些“必须”去做的事情。

我们的头脑记住得太多、分析得太多，我们以为头脑能掌控一切，而很少去遵循自己的内心。回到我们和孩子身上，当孩子出现状况的时候，我们的注意力有多少次在事情的经过上？又有多少次我们真正看到了孩子内心的感受和渴望？

一个十一岁的男孩，上五年级，下课从来不和同学一起玩，而是一个人躲在教室角落里看漫画。

妈妈：“老师说你下课一直在看漫画，你怎么不去和同学一起玩呢？”（质问）

孩子：“不想和他们玩。”

妈妈："你怎么这么不合群呢？你要多和同学打交道，多结交朋友，学会为人处世。你这么内向，以后到社会上可怎么办！"（指责）

孩子不说话。

妈妈："你不能总看漫画啊，看那些能学到什么？你看你上次考试排名都退后了，你不能总这样下去啊！你是学生，要把学习放在第一位，你到底知不知道学习的重要性啊？"（说教）

孩子："知道了，烦不烦？"

妈妈："你这是什么态度？再这样下去，所有的漫画书全部没收！"（威胁）

孩子转身走进自己的房间，砰的一声把门关上了。

类似这样的拉锯战在家中持续了很久，妈妈觉得孩子不合群，总想让他多参加集体活动，又担心他沉迷漫画，为此绞尽脑汁，可孩子依旧我行我素。慢慢地，妈妈发现自己的方法需要调整，开始学习改变沟通方式。直到有一次，妈妈尝试通过倾听走进孩子的内心。

妈妈："老师跟我谈起过，这段时间你下课和放学后都是一个人在教室里看漫画，几乎从来不参加集体活动，我有些好

奇，不知道发生了什么。”（邀请式话题）

孩子：“和他们玩没意思。”

妈妈：“哦？你觉得和同学一起玩没意思。”（理解性的回馈）

孩子：“嗯，他们现在都在玩××卡牌，我看了几次，那个规则很难。”

妈妈：“规则很难，你担心自己玩不好。”（倾听孩子的感受）

孩子：“如果我玩不好，他们肯定不愿意带我玩。”

妈妈：“是哦，如果玩不好，你担心大家不带你玩。”（继续倾听感受）

孩子：“他们肯定不会带我玩的。妈妈你不是说，无论做什么事情都要做到最好，要不然就干脆别做了嘛。”

妈妈停顿了一下说：“我这样说让你觉得压力很大。”（听到孩子语言背后的感受，而这部分是孩子没有直接说出来的）

孩子：“对啊，反正我什么都做不好。”

妈妈：“你觉得自己什么都做不好。”

孩子：“谁叫你总是表扬哥哥，哥哥什么都做得好，我什么都做不好！”

妈妈沉默了片刻说：“妈妈这样做，让你觉得很不公平。”

孩子：“我也有做得好的地方啊，为什么你从来都看不见？”

妈妈：“你做得好的时候，我没有肯定你，还总是拿你和哥哥比较。”

孩子：“为什么事情必须要做好才能去做？如果不去尝试，我怎么知道我能不能做好？”

妈妈：“是啊，不尝试怎么知道做不好呢？”

孩子：“说不定我要是试了，也能很厉害呢。”

妈妈：“对哦！”

孩子：“我找鹏鹏去，他上次说可以教我玩的，我学会了就可以和大家一起玩了！”

妈妈：“好啊！”

在这次的对话里，妈妈没有说教、讲道理，没有指责、贴标签，只是全然地倾听孩子，体察孩子话语背后的感受。当孩子不被评判，而是可以自由表达感受的时候，他自然会知道要如何去做。而只有通过倾听，我们才会知道孩子内心的想法究竟是什么，究竟是什么在困扰孩子。

小巫老师曾经带我们做过一个倾听案例。孩子问："妈妈，明天的考试会很难吗？我要是考不到一百分怎么办？"大家的答案五花八门。

有人回答："不难，一点都不难。"孩子心想："好嘛，如果我考好了，那是因为不难。如果考不好，连不难的都没考好，那只能说明我笨。"

有人回答："你要是复习好了，就不难。"孩子沉默了，唉，看来还是没复习好，说到底还是自己的错。

而更多的人说："没关系，别紧张，你考零分我也爱你。"这似乎是一个很好的回答，可真的是孩子内心想要的吗？我们平时的言谈举止早就向孩子传递了我们的价值观，孩子非常清楚我们是不是在口是心非。也许我们认为分数不重要，但孩子还无法体会。如果不重要，那为什么要考试？为什么老师要排名？为什么分数高就能上好学校？为什么所有人都在为考试紧张呢？

我们以为我们表达了对孩子的爱，但孩子内心的渴望被我们漠视了，孩子心里想的可能根本就不是考试的问题，考试只是表象，孩子是在寻求归属感和认可。可是妈妈非常神圣地说：“你考多少分我都爱你。”就把孩子继续诉说的路给堵住了。孩子没办法继续表达他的真实感受和想法，甚至连他自己都不知道自己深层的想法究竟是什么。

“妈妈爱的是你，不是分数。”“你考零分妈妈都一样爱你。”这样的回答并不一定能缓解孩子的焦虑。考试很可能只是困扰孩子的表面问题，孩子内心的真正渴望像洋葱核一样被层层包裹在洋葱皮之下，等待我们看见。

还有的妈妈说：“哦？你很在意自己的成绩？那妈妈要好好反省一下看看我哪里做错了，才会让你有这样的想法。”这样的妈妈看起来真的好通情达理、好懂得自我批评，但乔瓦娜分享了她在儿时的感受：“这句话一出来，我的眼泪就哗地下来了。事情会到此结束，我再也没有任何理由继续说出我的心里话，也没有什么必须表达的了。因为我接下来的心里话，是要继续表达其他不满或者我的需求。可人家已经这样内疚，这么愿意理解我了，我要是再表达就太不懂事了！”

也许有妈妈会说：“啊！道歉也不行？难道表达歉意也错了吗？”

向孩子道歉，是每个父母的必修课，但是表达歉意要在孩子的情绪得到充分释放之后，而不是问题刚被提出来就立马道歉，好似竖起了一个挡箭牌："我都已经道歉了，你还想怎样？"

能不能先不要那么急切地去道歉、去解释、去辩白，在表达自己之前，可不可以先带着好奇心去倾听一下孩子，看看他为什么会问这样的问题？他担心的究竟是什么？又是什么样的想法在困扰他呢？

我们很少聆听孩子内在的声音，大多都是从外在的行为上回应他们。如果我们能够听到孩子内在有什么样的感受，他才可能和我们一起分享内心的渴望。你不一定需要完全接受孩子的行为，但至少要能听到他们内在发出了什么样的声音。每个孩子的情况都不同，倾听就是去聆听不同的孩子内心不同的想法和感受，并提供相应的帮助。

以下是一位学员妈妈提供的案例：

孩子："妈妈，明天的考试会很难吗？我要是考不到一百分怎么办？"

妈妈："哦？你很紧张明天的考试，担心自己考不到好成绩，觉得很有压力。"

孩子："是啊，万一考不好，会很丢人吧。"

妈妈："你觉得考不好会没面子。"

孩子："嗯。上次小林考试不及格，他妈妈送他来上学的时候，在门口用好大的声音骂他，还说再考不好就不让他读书了。"

妈妈："小林的遭遇让你感到害怕。"

孩子："是，我怕我会和小林一样也考不好。"

妈妈："你担心如果考不好，我也像小林妈妈那样对待你？"

孩子："嗯，你要是也这样，我都不敢回家了。"

妈妈："是啊，那样真是太可怕了。"

孩子："要是可以不用去考试就好了。"

妈妈："不考试就不用这么紧张了。"

孩子："但不去考试我就只能得'大鸭蛋'了，更丢脸。"

妈妈："是哦，更没面子了。"

孩子："妈妈，明天早上我要吃一根油条，两个鸡蛋。"

妈妈："啊？"

孩子："你不知道吧？这样就是一百分啊！"

妈妈："哈哈，有创意。好啊！"

孩子："管他考多少分，先吃下去垫一垫。"

俩人一起笑起来。

真正的倾听，是听到孩子描述的事实及语言背后的感受。当孩子问“妈妈，明天的考试会很难吗？我要是考不到一百分怎么办？”时，妈妈看到孩子在为考试担忧，回应：“你很紧张明天的考试，担心自己考不到好成绩，觉得很有压力。”孩子的感受被看见了，才有可能继续表达。随着妈妈的倾听继续进行，孩子释放了自己的情绪，自然也就有勇气去面对考试了。

所以，我们应该问问自己，有多少次我们想和孩子交流，认为是在帮助他们处理情绪时，孩子给我们的回应要么是“不知道”，要么是沉默，要么是转移话题，我们却自以为解决了问题，很好地表达了爱。

看见即疗愈。真正的看见，是看到孩子行为背后的需求和渴望，看到孩子究竟是在为什么事情而困扰，从而能够给予孩子适当的协助。

先处理情绪，再解决问题

我曾在微博上问过大家两个问题：如果你读初三的孩子有一次因为你叫他起床而大发雷霆，你会怎么办？如果你读高三的孩子因为明星演唱会与学校安排的考试冲突而懊恼不已，你会怎么办？

第一个问题，绝大多数回复都是说不再叫他起床，让他体验迟到的自然后果。自然后果法是非常常用的一个手段，但它只是辅助，而不应该成为我们管教孩子的法宝。如果成人带着“我要教训一下你！”的心态，无论是隐性的还是显性的，都会造成孩子的对立和抵触。家庭不是军营，迟到了自己承担后果是没有错，但孩子的情绪呢？他真正的渴望和感受是什么？

很少有人注意到这是一个初三的孩子，他不是三岁，不想上幼儿园，于是撒撒娇、发发脾气。回想一下我们的中学时代，难道我们不知道要按时上学吗？难道我们不知道迟到了会被老师批评吗？我们在学习压力特别大而父母又不理解我们的时候，是不是也会感到非常委屈、无助、脆弱？

这个孩子是因为太累、太辛苦了，升学压力那么大，课业那么繁重，似乎永远看不到尽头。他并不是因为早上被叫醒而发脾气，而是长时间积累的压力使脆弱的他无处宣泄，委屈、无助、焦虑，渴望被看见，但从来没有人真正走进他的心。请设身处地把自己放在孩子的位置，想象一下自己就是这个孩子，能感受到这个孩子疲惫不堪却一直坚持的心情吗?

回想一下我们高考前奋战的日子吧，或者我们刚参加工作不断拼搏却又时而迷茫的时候，我们想得到的是什么呢?当我们在乱石、泥泞、荆棘中摸爬滚打时，我们需要的是什么呢?是别人提供的帮助吗?是一杯水、一个面包?是别人拍拍我们的肩膀说“加油！我相信你能做到”吗?似乎都不是。我们想要的其实只是一个眼神，一个看见的眼神，仿佛在说：“是的，我看见了，我看见你在乱石、泥泞、荆棘中摸爬滚打。是的，我看见了！”相信就是这样一种“看见”的力量，让我们泪流满面。

一位朋友回复：“真是深有体会啊！我当初就是这样，虽然妈妈同意我继续睡不去学校，但我的心情并没有好起来，反而觉得很失落。”是的，因为深层次的感受和渴望没有被看见，表面上似乎解决了问题，实际上孩子的情绪没有得到疏导。而父母可能会更委屈："我都让你继续睡了，你怎么还不高兴？"

如果妈妈去倾听孩子的感受，孩子的情绪得到释放，就会走出问题区：

孩子："又起床，又上学！我困死了你知不知道！"

妈妈："你看起来真的是很累啊。"

孩子："我肯定累啊！我昨晚一点多才睡，那么多作业！"

妈妈："是啊，那么多作业，晚上要熬夜，早上还要早起，换作谁都要崩溃了！"

孩子稍微平静了下来。

妈妈沉默着陪伴了一会儿，孩子气哼哼地说："算了！我再眯一会儿就起来，谁叫我是'初三狗'呢！"

不必说一些起床、迟到的话，不必催促。妈妈要向孩子传递一种相信的力量，孩子的情绪在得到认可和疏导后，他会自行判断。还有父母可能会疑惑要说多少才算合适，别担心，孩子会给你线索。倾听时孩子是主导，父母只需要跟随就好。说多说少、说与不说，都由孩子决定，我们只要做到倾听和陪伴就好。

第二个问题，太多朋友说绝对选择放弃考试去演唱会，应试算不了什么，青春就应该多彩。没错，因为我们被应试教育害苦了，我们的青春全都奉献给了升学和考试，所以我们不希望自己的孩子和我们一样。“我绝对不让孩子过我小时候那样的生活”，这种做法其实也剥夺了孩子选择的权利。孩子当时可能会很高兴，但事后也有可能抱怨：“妈妈你为什么不阻拦我呢？我错过了模考的机会，结果高考都没考好，正好考到了模考里的知识点啊！我不懂事，难道你也不懂事吗？”可是如果要求孩子去考试，给孩子分析不去考试的利弊，孩子又会觉得你是在讲道理，要说服他，从而产生抵触情绪。即便最后去参加了考试，也完全达不到理想的效果。

别忘了这是个高三的孩子，十八岁了，已经完全有自己的判断能力和选择能力。我们要做的只是去寻找孩子的感受，用身心去跟随，和孩子同频。这样无论孩子是选择考试还是逃课去看演唱会，都是他自己做出的选择。他在积极地解决问题，而不是制造问题。

孩子：“学校居然在演唱会那天安排了考试，简直太过

分了！”

妈妈：“啊？这样啊！你一定很生气。”

孩子：“是啊，气死我了！我等了这么久就为了这一天！”

妈妈：“一直在等，结果有考试，如果是我，肯定失望极了！”

孩子：“那当然啊！你是不知道，上次××演唱会，那叫一个火爆啊！……”

妈妈：“真的啊！听你这么一说，我都能感受到现场那种热烈的气氛了！”

孩子：“要不我干脆不去考试了，就说生病了，溜去看演唱会。”

妈妈：“嗯，听起来是个办法，去看演唱会，不参加模考。”

孩子：“……可是，这是最后一次模考，不参加就再没机会检验自己的掌握程度了……”

妈妈：“的确是个很难的选择啊！又想去看演唱会，又不想错过考试，真是让人纠结啊！”

孩子思考了很久，说：“算了，我还是去考试吧，反正再过几个月还有一场演唱会，那时候我已经考完了，我可以坐火车去看。”

妈妈：“真是个不错的主意，到时候别忘了录点视频回来给我一起看看！”

这个案例里的妈妈没有做任何评判，也没有分析去不去考试的利弊，更没有给孩子出主意，甚至在孩子提出要逃课去看演唱会的时候，也没有立刻否定孩子的想法，而是留给孩子自己思考的空间。同时在孩子表现出考试也很重要而犹豫不决时，妈妈也没有趁机对孩子进行说教，最后是孩子通过自己的考量做出了决定。

也许有人会担心，孩子不按套路来怎么办？他就是坚持要去看演唱会怎么办？别着急，倾听孩子的感受，帮助他冷静下来，等他有了思考空间，你们可以一起想一个双赢的办法，去满足双方的需求。有的孩子可能会提出把试卷拿回家，在妈妈的监督下自己模拟一次，然后打分；有的妈妈可能会接受给孩子请单独的课程辅导等等。每个家庭都是独一无二的，每个孩子都是独一无二的，那么你们想出来的解决办法也会是独一无二的。无论最后的办法是什么，关键是孩子自己参与决策。经历自主感很重要，我们做了什么选择往往没有“选择”这个行为本身更有意义。

我们总是控制不住自己，总是想给孩子提建议、想办法。当我们给别人出主意的时候，潜台词是：我比你强。这个讯息被对方接收到，对方要么抵触，要么更加觉得自己不行，依赖外在的答案。其实真正解决问题的人只能是自己。然而我们经常无心地剥夺别人独立解决问题的能力，尤其是对孩子。

去感受对方的感受，用身心去跟随。无论他去往哪里，我们都只是跟随。不必直接给他们解决办法，而是帮他们铺路，让他们自己找答案。很多时候我们都太急于解决问题，但其实答案永远在自己心里。

要了解孩子内心的感受，就要倾听和共情。但我们所谓的共情，其实很多时候都是在讲道理，在分析事情，在给建议，在替孩子做选择。我们太着急了，孩子一有情绪，我们就忍不住想扑上去，想赶紧做点什么好让自己发挥作用，其根本目的还是想让孩子赶快接受我们的想法，情绪赶快过去，问题得到解决。

于是我们对孩子说我们认为正确的东西，我们认为他应该有的感受……我们这样做是为了共情，因为书上是这么写的，专家是这么说的。而当太多太多的“我认为”汹涌而来的时候，孩子内心的真实感受就被淹没了，我们没有看见孩子，我们只顾着表达自己。

要想成功地倾听，非常重要的一点就是“联结”，和自己联结，和他人联结，和孩子联结。可是因为我们用头脑生活得太久了，早就忘记了自己的心。所以很多情况下，我们都很难和自己的内心感受联结上。如果我们连自己的感受都不知道，又如何去感受孩子的感受呢？我们的头脑里塞满了各种“应该”和“必须”、“不能”和“不要”，心的声音已经非常微弱了。而对孩子进行到位的倾听，恰恰需要我们与自己的内在有牢固的联结，能够坦然表达内心真实的感受，了解并接纳所有的情绪。

当问题产生的时候，先处理情绪，再解决问题。父母对于孩子的意义，并不是在孩子每次遇到难题的时候，直接给他一个正确的答案。更重要的意义，是帮助他了解自己的情绪，获得爱的感受和温暖的联结。

倾听，赋予孩子内心的力量

“我的孩子总是和小伙伴闹别扭，昨天还玩得好好的，今天就说要绝交。我要怎么引导才能让她学会处理人际关系？”

“我的孩子考试没考好，就说不要上学了，我要怎么引导才能让他爱上学习？”

“不是说父母是孩子的领路人吗？那我应该怎样引导孩子，才能让他少走弯路，形成正确的生活方式？”

经常会听到这样的提问，也看到很多焦虑的父母总是在担心自己的做法究竟给孩子造成了什么样的影响。我们一看到孩子遇到问题了，就忍不住扑上去，告诉他“正确”的方法，好让他可以找到“捷径”。我们必须要给孩子正向的“引导”，否则孩子就可能误入歧途……

但是，我们真的有足够的智慧可以做孩子的精神导师吗？我们真的有足够的远见去为孩子规划人生吗？

台湾的许宜铭老师总结的亲子关系钻石法则里有一句话叫作：“分享而不教导。”说的就是在日常生活中，我们应当采用的是分享的方式，而不是把自己放在一个高高在上的位置去教导对方。

分享和教导是有区别的。分享是：我知道一些经验，我毫无保留地分享给你，是否需要、听与不听、听多听少，都取决于你。教导是：我知道的东西比你知道的要好很多，你必须听我的话，照我说的去做，才能过上更好的生活。

分享是不强迫，相信对方会为自己的生活负责。教导是我先进，你落后，你得按照我说的来，否则你就没能力解决这个问题。

分享是出于爱，我对自己有满满的爱，我对你也有充分的信任，我们彼此之间互相陪伴，互相滋养。教导往往是出于恐惧，给孩子灌输一大堆的“应该”和“必须”，要么担心孩子离开了我们的引导就会误入歧途，要么担心自己没能对孩子起到教育的作用。前者是担心孩子不够好，后者是担心自己不够好。

但实际情况是，每个人的内心都蕴含着力量，都有自己的内在智慧。孩子天生就有美善的内核，我们要做的只是给他们提供一个充满爱的环境。小巫老师曾说：“他投胎于我，我不曾教诲他，只是带他生活。”这大概就是对养育最精准的注解了吧。

下面这三段对话，来自参加我工作坊的一位妈妈的分享。心心是个八岁的女孩，心心妈妈一直以来都有记录和女儿对话的习惯。以下案例为原境重现，没有修饰和改动，仅孩子名字为化名。

事件第一天

心心双臂交叉贴在墙上，头埋在臂弯中伤心地抽泣。妈妈赶忙走过去，抱着她问怎么了，她一下子放声大哭起来，非常伤心。

妈妈抱紧她，先没说话，等她哭声慢慢停下来。心心开始边哭边说：“轩轩、妮妮他们都比我大，一起玩的时候他们总是以大欺小。特别是妮妮，总让我听她的，总让我做一些不重要的事，总说我做不好，让她来做重要的事。我要是不听她的，她就说什么玩不成了……”

妈妈抱着她，一直等她稍停下来：“你心里一定很委屈，觉得他们不信任你，不相信你的能力。”心心听了哭得更厉害了，哭一阵又抽泣着说一些她认为在和小伙伴交往中受到限制和不公正待遇的事情。就这样她边哭边说，哭哭说说，将近一个半小时，她一直在哭泣中说着一件又一件让她难过的事情，而妈妈几乎没有说几句话。因为妈妈在心疼之余也实在不知道这个时候该说些什么，该怎样帮助她。于是只有抱着她，静静地听她说。最后心心实在是累了，说了句："妈妈，我想睡觉了。"

心心很快睡着了，而妈妈却久久不能平静，心里交织着内疚、着急、难过等各种感受，既心疼孩子受到的委屈，又担心孩子在今后的交往中学不会处理人际关系。作为妈妈也有些自责，怎么早没发现孩子的这些情绪？孩子心里憋屈了这么久，做妈妈的竟然不清楚，更别说引导帮助了。唉！

事件第二天

晚上睡觉前，妮妮打电话找心心，又勾起了心心的伤心事。同昨晚一样，心心再次哭泣倾诉，这一次她不再那样断断续续，而是非常清晰地把自己的感受描述出来：伤心、委屈、生气、失望、受控制、被利用、不被信任。妈妈一直陪着她，静静地听着。

等她平静下来，妈妈问：“你会像轩轩和妮妮对你这样，去对待别的比你小的小朋友吗？”

心心毫不犹豫地说：“不会。”停顿了一会儿，她问：“妈妈，你知道我为什么不会像他们那样吗？”

妈妈：“为什么？”

心心：“因为被他们不公平地对待，我心里很难过，如果我也这样对待别人，别人的心里也会很难过，这样就会一代一代传下去，这个世界就会越来越糟糕。我不想让这个世界变得糟糕，所以我不会像他们那样对待比我小的小朋友。他们不公平地对我，是因为他们从来没有被人这样对待过，所以他们不知道被别人这样对待心里有多难过。”

那一刻，妈妈非常震惊，难以想象这是一个八岁孩子说的话。妈妈回想起在养育心心的过程中，很多时候都曾被这样触动。我们往往以成年人的眼光看待孩子，以为他们小，不懂许多事，很少用心去了解、倾听孩子那颗敏锐的心，实际上真是我们成年人自以为是啊。我们真是要蹲下身来，好好去认识孩子那颗纯真的心。上天让孩子来到我们身边，是让他们来帮助我们学习怎样去爱，怎样去认识自己、认识这个世界的。很多时候是孩子在教育我们，是我们要向孩子学习。无言以对，只有感动。

事件第三天

晚上心心复习完功课走过来，挨着妈妈聊天。妈妈想起这几天发生的事情，觉得很歉疚，于是说："这么长时间以来，妈妈竟然没有发现你心里这么难受，没能给你一些帮助，妈妈真的觉得很抱歉。"

心心："其实你没帮助我也挺好的，要不然我就不会明白这些了。"

妈妈："谢谢你。妈妈真应该向你学习，你这么宽容。轩轩和妮妮他们可能并不知道这样对你会让你难过，你能原谅他们吗？"

心心停顿了一下说："我原谅他们了。因为没有人这样对待他们，他们不知道这种难受的感觉。"

突然，心心哈哈一笑，说："他们太幸运了，我可是不容易原谅别人的哦。"心心歪起头笑着，扬着眉毛，一副得意调皮的样子，停了一下，又说：“其实原谅他们对我自己挺好的，我心里就不会那么难受了。”

妈妈又一次震惊了，实在忍不住，一下子抱住心心，说：“你真是妈妈的……”还没说完，心心突然和妈妈同时说：“珍宝！”母女俩都哈哈大笑。

心心：“妈妈，我们俩说的话怎么一样，我好开心啊。”

妈妈：“我也好开心，我的开心装满了咱家的房子。”

心心跳开来，指着地上说：“我的开心从我们家这块瓷砖到整个宇宙！”

妈妈：“我的开心从这块瓷砖到宇宙的外面！”

心心：“我的开心从这块瓷砖到宇宙的外面又回来，一个来回那么多！”

妈妈：“我的开心又从这块瓷砖到宇宙的外面十个来回那么多！”

心心：“我的开心有一亿亿亿亿……个来回那么多。”

妈妈举手投降，心心笑着说：“我说了好多个亿，把所有的亿都说了，你就没的说了，哈哈！”

当我听到孩子那充满智慧的话语时，不由得感动万分。连续三天的母女对话，展现出一幅如此美好的画面。母女之间那满满的爱、浓浓的情，深深地触动了我，使我在这个寒冷的冬夜，心里涌起阵阵温暖。

当孩子觉得委屈、伤心的时候，妈妈不是急着安慰或是出主意，而是静静地倾听、陪伴，不带任何评判。当孩子的情绪得到缓解时，母女二人模仿绘本《猜猜我有多爱你》中的对话，用游戏的方式为双方的心里注满浓浓的爱，让孩子感受到温暖和幸福的滋养。而当妈妈和女儿同时说出“你（我）是我（你）的珍宝”时，这是多么美好的联结啊！当看到孩子纯洁美好的心灵，以及内心拥有的力量时，我相信妈妈最初的担忧、内疚和自责也一定可以放下和释然了。

我们要相信孩子有自己解决问题的能力。正是因为日常生活中我们包揽了太多事情，不愿意孩子走所谓的“弯路”，一遇到困难父母就先帮他们搞定了，或者出一堆的主意，或者想方设法去引导。而这恰恰剥夺了孩子经历、体验的权利。孩子失去了面对困难、挫折的机会，就会渐渐变得依赖父母。等到该独立的时候，由于没有经验，他一定不容易走出父母的羽翼。这时候父母又开始抱怨孩子没有主见。

父母将问题的归属权及找到解决问题的方法的权利交还给孩子，这一点非常重要。父母的任务是协助孩子按照孩子的节奏完成问题的解决步骤，而不是代替孩子完成整个过程，更不是列出一个日程计划来确保孩子解决了问题。很多时候，我们总是把自己当成正确的化身，然而只要我们全然地信任孩子，在他需要的时候倾听和陪伴，当孩子的情绪可以自然流动的时候，他的内在智慧就会开始呈现。这种由内心深处生发出的美好，将会是孩子未来面对一切困难和挫折的力量源泉。

当一个孩子确信自己是妈妈的珍宝时，他就拥有了最稳固的安全感。这种根植于内心深处的力量，将会支持他去面对未来一切可能的艰难困苦，在遇到挫折时不轻易否定自己，在遭受失败之后仍能从头再来，即便暂时失意也不放弃坚持的梦想，哪怕是在谷底也依然能看见希望的曙光。

表达，创造有效的双向沟通

究竟要不要给孩子立规则

看到这个标题，估计大家心里直接涌出两个字：废话！没有规则那不就成放任、溺爱了吗?

没错，规则是非常重要的。孩子们都知道，如果做游戏不遵守规则，游戏就无法进行下去。同样，生活中如果没有规则，事情就会乱套。尤其是当孩子进入社会之后，不守规则会寸步难行。所以，规则的重要性毋庸置疑。

然而现在一些推崇“自由教育”的父母，误以为规则是自由的对立面，是对自由的限制和束缚，为了给孩子最大的自由，不去对孩子的行为做任何约束。其实这是对规则和自由的最大误解。规则是大家共同制定并遵守、保护所有人自由和权利的共同约定。规则的存在，不但不是对自由的限制，反而是一种保护。

我家小区正对着一个十字路口，每天我们过马路的时候，都会在人行横道根据红绿灯的指示通行，车辆和行人都遵守交通规则，井然有序。后来由于路面维修，有近一个月的时间红绿灯失灵，行人和车辆都变得非常“自由”。这时路况变得拥挤堵塞，我们在过马路的时候会特别担心随时呼啸而过的车辆。没有了规则，大家反而觉得担心害怕，无所适从。

同样，对于孩子来说也是如此。规则带来的是有序的生活，是内心的安全和安定，也是孩子走向集体、走向社会时维护自己和尊重他人界限的前提。然而现在很多父母走进了一个误区：只定规则，不讲道理。这里的“不讲道理”，并不是说规则本身没有道理，而是父母并没有明白规则存在的意义。如果给孩子制定的全是限制性规则，他们就只会认为规则是在剥夺自己的权益，自然会心生抵触，不愿执行。

曾经听到一位妈妈说：“我们家的规则是自己的事情自己做，东西从哪里拿的就要放回哪里去，按时吃饭睡觉，不可以打人，不可以未经同意拿别人东西，玩具玩完了要归位，不可以在规定的时间外吃零食，不可以在别人休息时大声喧哗……这些规则都列成清单贴在了墙上，如果没有做到，就会有后果，只有这样才能让孩子学会自律。”

我听了有些头皮发麻，于是问：“执行效果怎么样？”这位妈妈说：“大部分还能遵守，只不过每次都需要花点力气去压制。而且孩子可狡猾了，总喜欢钻空子，总能找出还没有写到的地方。所以每周都会有一些新的规则补充进清单内容。”

听了这番话，我似乎脑补出了一张越来越长，直至覆盖整面墙的规则清单。这似乎已经不是规则了，而是惩罚条例。规则不应是由一方制定，另一方没有选择、只能执行。这样的规则只可能有两种结果：要么孩子不敢反抗，只知服从；要么孩子偏偏不服，不断挑战、钻空子，以致你不得不在规则线上下和孩子斗智斗勇。规则越定越多，条例越来越细，你得不断紧盯着孩子的一举一动，最后身心俱疲、两败俱伤。

通过规则让孩子学会自律本身并没有错，然而自律并不是靠我们单方面的规定就能形成的。如果孩子只能服从规则，做不到就要惩罚，孩子就会把注意力放在如何不被抓住上面，这样形成的只能叫作“他律”。自律，是无论有没有人监督，都在心里知道自己要做什么和不做什么，是一种自我约束的能力。这显然不仅仅是通过制定和服从规则就能达到的。

一位外国学者说：约束西方人道德行动的是“内疚感”，是发自内心觉得自己不应该做任何对不起家人、社会和自己的事情，即使没人看到也不能做亏心事，否则就会受到良心的谴责。而约束中国人行为的是“羞耻感”，也就是说不管做了什么亏心事，只要别让人抓住就行，抓住了丢人，没抓住就随便吧。这种说法虽然不见得全面，但确实形象地说明了“自律”和“他律”的区别。

譬如2016年发生在北京野生动物园的老虎袭击人的事件，尽管有参观协议、注意事项、安全警示牌和广播通知，可是这位游客还是无视一切，打开车门下车。我并不想去探究她下车究竟是因为吵架还是和司机交换驾驶，但是不得不承认，造成这一悲剧很大的一个原因就在于对规则的漠视。而2017年过年期间宁波动物园一名游客为逃票翻越围墙进入虎园，最后命丧虎口的事件，再次将遵守规则的话题推向舆论顶峰。这两名游客并没有意识到动物园制定的这些规则都是为了保护游客自身的安全，他们可能仅仅把这些规定当成了一种限制，和从小到大一直以来受到的限制一样。因此只要不被抓到，稍微违反一下也没关系。然而最终带来的，却是以生命为代价的惩罚。

这就是不理解规则存在意义的悲剧。如果规则被等同于限制，等同于对抗，这无疑是可悲的，也是父母们不愿意看到的。如果规则带给双方的是更多的对抗、情绪、烦恼，父母们不得不花更多的精力在控制上，这种规则就是要去质疑的。以强硬对待强硬，你也将收获强硬。即便是约束孩子，也不能去跟孩子较劲。一旦陷入了和孩子争输赢的局面，无论最后结果是什么，都是你输。

父母有威信，不在于你的声音有多大，不在于你可以剥夺和惩罚孩子多少，而在于你是否真正考虑到了双方，在于孩子是否信服你，在于你们是否能够共同执行规则并自觉遵守规则。我们需要看到更深的一层——为什么要给孩子立规则。

前面说过，规则是大家共同制定并遵守、保护所有人权利和自由的共同约定。规则的作用是为了保证我们的日常生活可以顺利进行，是为了维护双方的感受和满足大家的需求，这样的规则才是合理、人性化、容易执行的。我们不是去规定“不可以打人”，而是让孩子知道打人对方会疼，同样也没有任何人可以侵犯你的身体；不是规定“不可以抢玩具”，而是“玩具被抢了，小朋友会伤心”，同样你的玩具你也拥有所有权；不是规定“不可以大声喧哗”，而是帮助孩子明白，过大的声音会影响他人休息……

比如我在工作的时候，如果叶儿进来打扰我，我不会跟他说："妈妈工作的时候不可以打扰，这是规则。"而是告诉他："你现在很想妈妈陪你一起玩，可妈妈还有一点工作没有完成。你在这里我就不能集中精力了，我觉得有点着急。我希望可以尽快完成工作，这样就有更多时间陪你玩了。"

这时孩子会明白，自己的感受和需求很重要，对方的感受和需求也同样重要。孩子通过自发调整行为来满足双方的需求，也是在培养孩子的同理心和责任感。孩子会知道，如果他不打扰我，我就可以更快地完成工作，从而有更多时间陪伴他。同样，当他在做自己感兴趣的事情时，也有权利要求自己不被其他人打扰。那么，遵守规则其实是在维护自己的感受和需求。如果遵守规则可以保护自己的权益而不是剥夺权益，孩子自然也会愿意去执行。

我带孩子们去淘气堡玩的时候，有一条滑索是孩子们的最爱，每次都排很长的队。于是我饶有兴致地在一旁观察孩子们的状态。在没有成人维护秩序的情况下，一群四五岁的孩子自发地排队等候，每个孩子滑下去之后，会从一旁的楼梯走上来，自动排在队伍末尾，几乎没有插队现象。偶尔有新来的小朋友站到队伍前面，其他小朋友就会告诉他要排队。

我不由得惊叹孩子们自发形成的规则意识。在我们的印象中，四五岁的孩子，在家里可能需要我们不断地提醒才会心不甘情不愿地遵守规则，可是为什么在没有大人监督的情况下，反而更能形成自己的规则呢？因为孩子们内心很清楚，只有遵守规则，游戏才能进行下去。如果自己插队，看起来好像是暂时排在了前面，但这意味着其他人也可以插队，最后的结果就是乱成一锅粥，谁也别想好好玩了。

因此在规则方面，我比较赞同国际上通用的“三不原则”：不伤害自己，不影响他人，不破坏环境。这三条原则在最大程度上维护了双方的感受和需求。在此规则之内，孩子就享有充分的自由。只有这样，规则才是有意义的，也是大家乐于遵守的。

比如我们家那两只“雄性幼崽”，年龄只相差两岁半，男孩子精力充沛，攻击性强，如果我规定“不可以打架”“不可以抢玩具”“要互相谦让”等等，估计“不可以”会越来越多，而我也早就累死了。与其制定那么多规则，不停地查漏补缺，不如从小教会他们为自己的感受和需求负责，同时尊重他人的感受和需求。

在经历了多次冲突和调整之后，现在弟弟如果想玩哥哥的玩具，会用自己的去交换，而不是直接动手抢；同样，哥哥在计划周末活动的时候，也会给弟弟做好安排，以最大程度保证自己想要的行程不受干扰。

如果一个孩子总是不愿意遵守规则，我们可能首先要质疑一下规则的合理性、制定方式和执行难度。若规则太过僵化，或者只是父母单方面的规定和压制，孩子自然不愿意遵守。孩子会更乐于遵守那些他们自己参与制定，并且真正顾及自己需求的规则。

同样，在制定规则时还要考虑到孩子的年龄，有一些在我们看来非常简单、理应做到的事情，对于年幼的孩子来说却是很有难度的。这时候需要我们做出适当调整，协助孩子共同完成。

如果规则本身没有问题，孩子偏偏总是违反，这时候我们可能要去看看，是不是平时和孩子的关系出现了问题。倘若孩子感受不到关爱，心里充满了压抑和愤怒，他很可能会通过挑战规则的方式来表达自己的反抗。这种情况下，如果我们只是一味地去给孩子制定规则，将不会有好的效果。这时候应该先解决他行为背后的情绪和需求，修复和孩子的关系，让他重新感受到爱的联结。

对于家庭来说，规则就是一个大框架，为了维护所有人的感受和需求。当孩子们学会表达自己的感受和需求，同时考虑他人的感受和需求时，他们会自觉自发地遵守规则，甚至自己制定规则。

消除影响，而不是禁止行为

当孩子出现了我们不能接纳的行为时，无论怎么说孩子都不听，该怎么办？这大概是很多父母的困扰了。“我都说了一百遍了，可他就是不改！”说了一百遍，孩子还是不改，不但不能说明孩子有问题，反而恰恰反映出这种“说”法本身根本不起作用。我们应该调整的是我们的表达方式，而不是去控制孩子。

根据悉尼·乔拉德的自我表露理论，人与人之间应该是“越表达越连接”。然而我们在现实生活中是“一表达就完蛋”，因为我们平时表达的时候都是在说：“你要……”“你应该……”“都是你……”这时候我们用的是“你信息”。

而当我们向对方表达我们的不接受时，应该使用的是“我信息”。什么叫“我信息”呢？就是从自己的角度出发，表达的是这件事情对我们的影响及我们自己的感受。当孩子的行为不能被父母接纳的时候，父母可以对孩子发送“面质性我信息”。所谓“面质性我信息”，由三部分构成：非责备的行为描述、具体而明确的影响，以及内外一致的感受。

“面质性我信息”因为不包含任何的指责和攻击，所以不容易引起抵触。它其实是在向对方表达：我现在遇到了一个问题，希望得到你的理解和配合。一个有效的面质，能够给事情带来有益的变化，同时可以维护他人的自尊，维持彼此的关系，帮助他人成长。而当我们去批评、命令孩子的时候，虽然有时也能改变孩子的行为，但是这样的方式会伤害孩子的自尊，影响父母和孩子之间的关系，剥夺孩子主动解决问题的机会，显然无法达到有效面质。如果我们去指责孩子，就很容易引起孩子的抵触，孩子根本不听我们在说什么。但如果我们使用“我信息”，则可以避免对方产生对抗情绪。

比如孩子把音乐的声音开得很大，如果我们说：“你开这么大声音是不对的，是不懂事的，是不体贴人的。”此时孩子接收到的是指责和批评，他生出的是罪恶感和内疚感。但如果我们发送“面质性我信息”：“你的音乐声音开得很大（非责备行为描述），我就不能集中精力专心工作了（具体而明确的影响），完不成工作，我觉得很着急（内外一致的感受）。”这时候孩子感受到的是：“哦，原来我把声音开得太大，是会吵到别人的，我的行为会给别人带来这样的影响。”明白这一点，孩子会生出一种责任感。他会知道如果自己把声音调小，别人会更放松、更舒服，从而自发地把声音调小，消除他的行为对别人造成的影响。

不少妈妈发现，当自己不再使用批评的方式对待孩子后，孩子感受到了尊重、理解，会很愿意配合。但有时候我们对“面质性我信息”也会有一些误解，认为我们表达了自己的想法，孩子就应该乖乖听话。

有一位妈妈说，她的儿子在厨房里用小桶和瓶瓶罐罐玩水，于是她发送“面质性我信息”：“宝贝，你在厨房玩水，桶和瓶子放在地上，妈妈可能会被绊倒，也不方便准备午饭了呢。”孩子听了后说：“那我去厕所玩。”妈妈说：“你在厕所玩也会把水弄到地上啊，等一下我还要收拾。”孩子说：“我跟你一起收拾。”妈妈继续：“你又收拾不干净，还不都是我来弄。”孩子就发脾气了：“不行，我就是要玩！”于是妈妈很疑惑，都已经发送“面质性我信息”了，孩子为什么就是不听呢？

其实我们可以看到，孩子一直在配合妈妈消除影响，但妈妈真正想要的是孩子停止玩水这个行为。当我们发送“面质性我信息”的时候，将对方的行为对我们造成的影响告知对方，是在邀请对方做出一些调整，从而消除这个行为对我们的影响，而并不是完全禁止对方的行为。

所以你一定要知道，当你不能接纳对方的行为的时候，这个“具体而明确的影响”究竟是什么，是什么原因导致了你不能接纳。因为同样的行为，对于不同的人来说，影响也是不同的。

比如妻子在家里准备了一大桌饭菜，丈夫下班后没有按时回家。有的妻子可能会这样发送“面质性我信息”：“老公，你说好六点回家吃饭的，现在八点才回来，我准备了好多菜都没能和你一起吃，我觉得好失落，因为我很想和你共进晚餐。”丈夫感受到妻子爱的需求，可能会回答：“噢，真是抱歉，我下次一定早点回来。”

而另一些妻子，她们可能知道丈夫因为工作原因不能按时回家。对于她们来说，这个具体而明确的影响是，丈夫回来晚了，她们得重新热一遍饭菜。那这些妻子发送的“面质性我信息”可能就会是：“老公，你说好六点回家吃饭的，现在八点才回来，我就得重新热一遍饭菜，这会增加我的工作量，也会影响我陪孩子的时间，我觉得有些为难。”这时如果丈夫回答：“那下次我回来晚了就自己热饭菜好了。”其实这也是帮助妻子消除晚归这件事对她的影响。

我们发送“面质性我信息”，是为了告知对方这件事情对自己的影响，同时邀请对方一起来想办法消除这个影响，事情也就得到顺利解决了。而不是要求对方必须按照我们的意愿来，倘若对方不配合，我们就只能带着落空的期待独自失望了。

如果我们清晰地表达自己的需求，那么孩子也会明白，妈妈不同意我的这个行为并不是因为我不够好，而是因为我的行为可能给别人造成了什么影响。由此孩子自发地调整行为，这也是在培养孩子的责任心。

一位妈妈分享她和三岁儿子之间的对话：

妈妈：“宝贝，你趴在地板上，妈妈担心你肚子着凉，感冒会加重哦，妈妈要照顾你吃药打针会很心疼的。”

孩子：“是不是只要我肚子不着凉，你就同意我趴在地板上呢？”

妈妈：“对哦！如果肚子不着凉就可以啊。”

孩子立刻跑进房间，找了个枕套垫在肚子下面。

这是孩子主动想办法配合妈妈消除影响。而妈妈想要的只是孩子肚子不受凉而已，并不是完全不允许孩子趴在地上。因此，当我们能够和孩子一起来想办法而不是禁止孩子的行为时，孩子通常也会很配合，并形成这种思维模式。下次再遇到类似问题时，孩子就会主动考虑父母的感受了。

每个人的需求都值得被尊重

我们每个人做一件事一定有一个出发点，也就是动机，这个动机就是为了满足自己的某些需求。比如我们要吃饭，是因为不吃会饿，这是生理需求。比如我们看育儿书，是因为想成为更好的父母，获得良好的亲子关系及和谐的家庭氛围。同样，孩子的行为背后也有他的需求。如果孩子的某些行为我们不能接受，与其单纯地去控制孩子的行为，倒不如去看看孩子行为背后的需求是什么。

曾经有这样一个案例，一个五岁的小女孩，每天早上起来磨磨蹭蹭，穿衣服很慢，以致妈妈上班总是迟到。妈妈想了各种办法，讲道理、催促孩子、制定时间表、通过游戏的方式等等，刚开始貌似有效，但很快又回到老样子。有一天妈妈终于找了个时间，和孩子好好地谈了一次，通过倾听，终于明白了孩子为什么早上要磨蹭。

他们家有四个孩子，早上三个大的都坐校车去上学了，只有这个小姑娘还在上幼儿园。早上的这段时间是小女孩唯一单独和妈妈相处的时间，于是她尽量磨蹭，为自己争取这样的机会，因为只有这时才是没有哥哥姐姐打扰的。原来这才是孩子行为背后内心真正的需求。妈妈明白了孩子要的是和妈妈单独相处的时间，而妈妈要的是早上能按时去上班，于是她们就想了个办法。妈妈每天午休之后安排时间一对一地陪伴孩子，小女孩知道每天都有和妈妈单独在一起的时间，早上再也不磨蹭了。

在《无条件养育》那本书里，科恩说："如果父母们在面对问题的时候，想到的是要如何去满足孩子的需求，那么这个问题也就更容易解决了。"如果小女孩想要妈妈单独陪伴的需求没有得到满足，她就会不断争取，即便你让她早上不磨蹭了，她可能晚上又不睡觉了呢。所以，在我们不知道孩子行为背后的原因时，我们针对行为做很多事情，可能都不会奏效。

如果一个人感觉很渴，你跟他说现在不是喝水的时间，喝太多水不好，这个水不干净等等，你说再多他还是渴。这个时候我们只要想办法能让他喝到干净的水就可以了。所以如果孩子有某种行为困扰了我们，我们真的要去看看孩子行为背后的需求是什么。针对这个需求去做一些改变，才有可能解决问题，否则就是按下葫芦浮起瓢。

其实很多时候我们达不成一致，是因为我们一上来想的都是解决办法。孩子要买玩具、要玩手机，这些都是解决办法，而不是需求。那么要如何将需求从解决办法中分离出来呢？问自己一个问题：这样做能给我带来什么好处？比如说我想买一辆新车，买车不是需求，只是一个解决办法。买车可以给我带来什么好处呢？可能是便捷，不必天天挤公交；也可能是省时，可以代步；还可能是有面子，满足我的虚荣心等等。这些才是需求，能够满足需求的办法都可以考虑，也许不一定非得买辆新车才能解决。

因此，如果在遇到冲突的时候是从需求出发，我们看待问题的角度就会不同。

比如一对夫妻要去蜜月旅行，丈夫想去新疆，妻子想去三亚。这个问题乍一看好像无法调和。通常我们会使用妥协的办法：这一次跟你去新疆，下一次跟我去三亚。可是被牺牲掉的那个人总是心不甘情不愿，觉得不公平。也有可能会谈条件，妻子说：“我可以同意跟你去新疆，但是你得给我买个名牌包包。”好吧，这可真是现实版的“包”治百病啊。

这其实是一种“商务谈判”，每个人都在出各自的价码，希望把自己的利益最大化。如果我们用这样的方式对待孩子，实际上就是在教孩子谈条件。如果你的条件不足以吸引孩子，那他自然也不会愿意按照你的方法去做。总有一天孩子的条件会越来越高，你终将无法满足。

但如果我们从需求出发，可以问问丈夫为什么想去新疆。丈夫回答，因为他希望找个有挑战性的自然环境徒步探险。知道了丈夫的需求，再问问妻子为什么想去三亚。妻子回答，因为想享受阳光、沙滩、海浪、海鲜。这样，我们就把夫妻二人各自的需求从解决办法中分离了出来。后来这对夫妻选择去了一个半开发的小岛，有非常美丽的自然风光和未被破坏的环境，既可以让丈夫徒步探险，又满足了妻子对海边风景的向往。

当我们遇到冲突的时候，不要把精力用于彼此之间的对抗，或者担心谁输谁赢；而是把注意力放在如何解决问题上，寻找一种方法让我们每个人的需求都得到尊重。当我们用这样的方式面对冲突的时候，双方是一种协作关系，而不是服从关系。我们呈现的仅仅是差异，而不是对错。

有些时候孩子想要做一件事，我们不同意，冲突就产生了。但如果我们能从需求入手，问题解决起来要容易很多。

叶儿四岁的时候，有一天晚上我需要准备第二天的讲座，给叶儿讲完睡前故事后，我告诉他：“妈妈要备课，不能陪你一起睡，你先睡，妈妈备完课就来。”

叶儿不干，哼哼唧唧，一定要陪。他说：“妈妈，你不在这里我好孤单啊，房间这么黑，我会想你，想得都睡不着了。”（多标准的“面质性我信息”啊）

我倾听了他一会儿，待叶儿情绪平复一些后，我邀请他一起来想办法。

我的需求：准备明天的课程，同时早些休息，不熬夜，不影响明天的精神状态。

叶儿的需求：妈妈的陪伴。

我先提议：叶儿自己睡，我去书房备课。（未满足他的需求）

叶儿提议：妈妈陪着，等我睡着之后，妈妈再去书房备课。（未满足我的需求，我不想熬夜）

我又提议：我在卧室的隔间里备课，叶儿不会干扰到我，同时能看到我在隔间里。

叶儿不置可否，同意试一试，于是我坐在隔间里备课。但很快我就发现，叶儿总是从床上爬起来，走到隔间门口看我在干什么。于是我发送“面质性我信息”，叶儿上床，但很快又来了。反复几次之后，我开始有情绪了。刚想发脾气，忽然想到，叶儿之所以会重复这个行为，一定是他的需求没有被很好地满足。评估了一下刚才这个解决办法，确实没有满足他的需求，他需要的是妈妈近距离的陪伴。

于是我们重新开始一起想办法，我再次表达了我的需求之后，叶儿忽然眼珠一转，说：“妈妈，有啦！你可以坐在我床边备课，开台灯，我躺在床上不说话，不会吵你。”听着觉得不错，于是我同意了。

当晚叶儿在我备课过程中睡着了。我备完课也睡了，没有熬夜。

第二天课程结束后，我对叶儿表达了肯定：“你昨晚自己睡觉，让我有时间准备今天的课程，不用熬夜，我休息好了，觉得今天上课很有精神，也更有信心了。妈妈很喜欢自己的工作，所以会很认真，希望可以做得更好。”结果他现在上瘾了，每天晚上都不要陪睡了，让我去备课，还说要赶快长大，学好本领，因为他也要做自己喜欢的工作。

我们并不提倡父母为了孩子一味牺牲自己的需求。孩子有权要求自己的重要需求得到满足，同时父母也是有需求的，也有权要求自己的重要需求得到满足。当我们用这样的方式和孩子一起想办法的时候，其实也是在告诉孩子：下一次你遇到类似困扰的时候，也可以来和我一起想办法，因为每个人的需求都值得被尊重。

孩子入园，你准备好了吗

每到开学季，都会有一批孩子进入幼儿园。从某种意义上来讲，这是孩子第一次需要暂时离开父母、离开家人，进入一个小社会，开始自己的学习生活。那么，我们可以做些什么来帮助孩子迈出这成长的一大步呢？

在叶儿快到入园年龄的时候，我开始给他做入园准备。经常带他去幼儿园外面看哥哥姐姐在里面排队做操，小家伙很是神往。我还给叶儿买了一些适合幼儿园过渡的绘本，经常讲给他听，让他渐渐明白，即使妈妈离开，也绝不会影响我们之间的爱。在征得幼儿园同意后，我带叶儿进入幼儿园参观。我们一起在教室里玩，看看小小的木床，小小的桌椅板凳，小小的厕所、水池……让叶儿熟悉幼儿园的生活环境与流程。

有时候我也会和叶儿一起构想，如果妈妈不在，叶儿可以做些什么呢？可以玩球、剪纸、玩积木，可以跳舞、玩沙、揉橡皮泥，等到下午，妈妈就来接叶儿啦！叶儿还可以画画，把妈妈的样子画下来，画一家人一起玩，画想和妈妈一起玩的游戏，还可以在院子里找妈妈的影子。叶儿看，那里有一棵大树和一棵小树，那是妈妈树和宝宝树，还有妈妈草和宝宝草、妈妈石头和宝宝石头……

九月份，叶儿正式入园，是当时全园年龄最小的孩子。我写了一份叶儿的情况介绍，包括性格、爱好、行为、自理能力、午睡习惯、哭闹时的应对及喜欢玩的小游戏等等，交给了主班老师，让老师对他多一些了解，也帮助老师更轻松地应对。

关于入园，我将当时的经验整理了一下，参考书籍有《幼儿园那些事儿》《上幼儿园不用愁》。

一、如何选择心仪的幼儿园

选择幼儿园，应以孩子为重。选园时大概要考虑的因素有：距离、价格、安全、环境（软硬件、人文环境）、理念。

有些家长为了把孩子送到一个“理念好、名气大”的幼儿园，不惜绕大半个城市，每天接送。或者干脆在幼儿园旁边租房居住，专门陪读。当然，如果做出这样的选择是全家支持且不影响日常生活，自然很好。但如果是举全家之力，做出各种牺牲，这样的选择并不一定就是以孩子为重，而很有可能是为了满足父母自己内心的需求：我一定不要让孩子受我小时候的那种教育。这种焦虑和担忧是父母心理伤痕的体现，父母应当把这个伤痕留在自己这里治疗，而不是通过孩子的生活来弥补。

一旦孩子入园，面临的就将是连续几年的接送。如果距离太远，几年里会牺牲孩子上千个小时的睡眠、休息、玩耍时间，对于孩子的成长来说，这些时间同样重要。而去幼儿园附近租房，虽然孩子上学距离近了，但父母的工作和生活都会受到影响。有些父亲为了工作留居原处，母亲一人带着孩子租住在幼儿园附近。对于幼小的孩子来说，失去了家庭的完整性，感受不到家的氛围，即便是再好的幼儿园，也无法滋养孩子的心灵。

同样，价格因素也应该是首要考虑的，所选幼儿园的价格应该在整个家庭的承受范围之内。没有必要为了上“名园”而节衣缩食、省吃俭用。巨大的经济压力势必会影响家庭成员的情绪，这些情绪都会在日常生活中表现出来，孩子也会敏锐地觉察到。

为了孩子入园而影响到全家的生活，家庭成员就很容易对孩子有所期待，即便不说出来，也会无形之中传递给孩子这样一种信息：我们为了你能受到良好的教育，能感受到爱与自由，付出了这么大的代价，你进了这所幼儿园，一定会快乐、健康、全面地发展，一定会有强大的内心、独立的思考和良好的行为。而这一信息被孩子捕捉到，他们反而会因为压力而焦虑，根本没有“爱与自由”的样子。

节衣缩食供孩子上学，或者父母分离陪读，都会破坏家庭中的正常关系，而这种关系在孩子的成长过程中起到的作用非常大。所以量力而行是比较明智的。和父母的言传身教、润物细无声比起来，幼儿园对孩子的影响要小得多。要知道世上没有完美的幼儿园，无论如何选择，都会遇到这样或那样的问题。这些问题都是我们要和孩子一起去面对，也是我们和孩子有能力化解的。

二、如何给孩子做好入园准备

首先是父母及家庭成员的心态调整。孩子到了入园年龄，就有社会化的需求。他们渴望和同龄人玩耍、交流，希望能有更多的机会去探索更大的世界，但仍会对父母有所依赖，在渴望扩大探索的同时也会有犹豫。这时父母应该是孩子坚强的后盾，给予孩子内心的力量。然而在实际生活中，大多数时候是父母离不开孩子，而不是孩子离不开父母。由于父母的焦虑传递给孩子，孩子惧怕幼儿园的情况比比皆是。

其次，要合理期待幼儿园的生活。有些父母为了让孩子愿意去幼儿园，会说幼儿园里都是玩具，幼儿园有零食吃，幼儿园可以看动画片等来哄骗孩子。即便当时愿意去了，一旦发现幼儿园的生活并不是父母说的那样，孩子就会因为失望而更加抵触。

我们还需要带着孩子一起熟悉幼儿园的环境与流程。现在幼儿园基本上都允许参观和试园，父母在孩子入园之前多带他们去园里玩耍、熟悉环境、模拟一日生活，会让他们更快适应幼儿园的生活。

让孩子的作息时间和幼儿园的作息时间靠拢，培养孩子自己吃饭、主动喝水、示意如厕、自己洗手等生活自理能力。

当然我们还要给孩子心理准备期。无论我们的准备工作做得多充分，孩子刚入园时也一定会有哭闹，这是正常的反应。不必为孩子暂时的哭闹焦虑、担心、怀疑，这是孩子在成长中必须经历的。正如龙应台所说：“有些事，只能孩子一个人做；有些路，只能孩子一个人走；有些关，只能孩子一个人过。”

同时要避免给孩子负面暗示，不说一些容易形成负面暗示的话，例如：“再不听话，就把你送到幼儿园去！”“等到了幼儿园，看老师怎么收拾你！”“如果小朋友打你，你就去告诉老师。”“今天有没有小朋友欺负你啊？”“不听话就把你丢在幼儿园，不去接你了。”等等。

还可以和孩子一起准备入园物品。带孩子一起购买入园的书包和文具，和孩子一起在衣服和被子上绣姓名……这些准备工作都会让孩子对即将展开的幼儿园生活充满期待。

入园时请详细介绍孩子的情况，以便老师了解。

三、如何应对孩子的分离焦虑

孩子入园时可能会呈现出分离焦虑，因为妈妈的离开而哭闹不止。妈妈要如何做才能陪伴孩子度过分离焦虑期呢？

不要偷偷离开。有些妈妈因为害怕听到孩子哭，总是趁孩子不注意的时候偷偷溜走，这样做不但不会帮助孩子适应你不在的场合，反而会让他更害怕你总是突然消失，不会回来了。

虽然他可能会大哭，但你一定要跟他说再见，并且在他的视线中离开。例如你可以告诉他："妈妈要去上班了，等下班后就马上来接你，妈妈爱你。"然后你就可以离开了，不要因为孩子哭就总是拖延，又回来安慰，这样宝宝会发现哭泣是挽留你的好方法而频繁使用。

父母的内心平静放松。父母的焦虑会传递给孩子，让孩子更加抗拒幼儿园，难以分离。

信任老师。既然选好了幼儿园，就要对园方和老师表示信任。相信老师有能力安抚孩子，处理好孩子的情绪。

生活有规律，对孩子更要言而有信。有规律的生活会极大地增强他的安全感。如果孩子发现你每次都会准时来接他，那么他会很快调整好自己，适应你不在的时间。

避免传递负面信息。不要当着孩子的面议论其他小朋友多不愿意去幼儿园，以及其他与幼儿园相关的负面事件。不要在孩子面前表现出对幼儿园的担心、对老师的不满。如果孩子发现连父母都无法对幼儿园放心，那么他一定会觉得幼儿园简直太可怕了。

通过绘本、游戏等方式缓解分离焦虑。有助于应对分离焦虑，适应幼儿园生活的绘本有：

《汤姆上幼儿园》
《大卫上学去》
《魔法亲亲》
《我不要去幼儿园》
《幼儿园一点都不可怕》
《一口袋的吻》
《我好担心》
《我不跟你走》
《别想欺负我》
《老师，我为什么要上学》
《存起来的吻》
《小猫头鹰》
《我爱幼儿园》
《我喜欢上学》
《小魔怪要上学》
《阿文的小毯子》
《我太小，我不能上学》
《第一天上学》
《小阿力的大学校》
《富兰克林去上学》
《忘了说我爱你》
《上学一二三》
《三只小猪上幼儿园》
《点点爱去幼儿园》
……

家庭中的高质量陪伴。孩子放学后，多陪伴他，和他做游戏，一起亲子共读。让孩子感受到你无条件的爱，让他确信你永远爱他，不会离开他。这样随着孩子的心智不断发展，他很快会明白这些道理。当你离开的时候，虽然他还是会感到难过，但他能很快平静下来，因为他的经验和逐渐发育的记忆力都告诉他，你离开一段时间后会回来。多向他表达你的爱和关注，让他更加信任你。

四、如何判断孩子适应了幼儿园

每天都能开心地去幼儿园；

虽然早上不太愿意去，但去了幼儿园也没有太多不顺心的感觉；

能在幼儿园安心入睡；

有需要的时候，能自如地在幼儿园大便；

能参与感兴趣的课程及活动；

在幼儿园有好朋友；

回家后没有莫名的情绪反常，晚上没有频繁做噩梦的现象；

谈起幼儿园，能够回忆起一些愉快的事情，对不愉快的事情反应不是很激烈；

下午去接时不愿意回家，希望继续在园中玩耍。

以上情形只需部分满足就说明孩子已经比较好地适应了幼儿园。

五、如何应对孩子入园后的行为问题

初入园时，孩子可能出现以下一些情况：

孩子入园后变得特别黏人。这是很多孩子常有的表现。孩子一整天没有见到家人，回到家需要从妈妈这里获得安慰，并将这种安慰转换成一种积极正面的心理能量。同时他也需要通过这种方式来确认，父母对他的爱并没有因为入园这件事而改变。所以，入园后孩子黏人是一种正常的心理需求，是他获取心理能量、排解焦虑情绪的一种方式。

当孩子黏人的时候，不要排斥他的情绪，更不要斥责他，否则会加重他的焦虑。与其被动地被孩子黏，不如主动去陪伴他，玩出更多花样，让他感受到家的温馨和父母无条件的爱。

孩子入园后脾气越来越大。入园初期之所以频繁发脾气，是因为孩子不清楚该通过什么样的方式去发泄自己的焦虑情绪。他们年龄尚小，排解情绪的技巧还不熟练，发脾气是他们最容易想到的发泄方式。所以当孩子发脾气的时候，请接纳他的情绪，冷静而温和地面对他，在保证安全的前提下，给他一个发泄的机会。在孩子情绪激烈时，用倾听的方式帮他疏导，陪伴他一起学会处理情绪。

孩子在幼儿园冲突频繁。孩子入园后被打了，父母心疼；打人了，父母烦恼。孩子们的冲突多种多样，但绝大多数情况，攻击方都没有恶意。不管因为什么样的原因导致孩子之间出现冲突，归根结底都是因为他们没有把握正确的交往模式，或者没有控制住自己的冲动所致。当孩子们发生冲突的时候，批评、苛责往往无济于事。一味强调不能做什么，也只会给孩子带来负面的心理暗示，变相地强化这种行为。

父母可以创设一些游戏，模仿孩子打人与被打的情形，将应对方式表演出来，直观地展示给孩子，也可以通过绘本、画画等方式向孩子传递正确的交往模式。同时尽可能地为孩子提供自主解决问题的机会，让他体验和尝试各种不同的应对方式，从而提高自己的交往技能。教给孩子一些基本的交往规则，例如不可以打扰他人、加入他人玩耍时要征得对方同意等。加强孩子用语言表达需求的能力，而不是一有冲突就动手。

进入幼儿园，是孩子出生后与我们第一次分离，也是他人生中最重要的一次独立。只要有坚实的爱和安全感做基础，他的内心始终会有一份平静和安宁。孩子的每一步成长，都在不断给我们惊喜。成长的速度无可阻挡，而我们只能站在他身后，目送他一步步远去。所以请准备好耐心，准备好信任，准备好坚定，准备好很多很多的爱，带着祝福，和孩子一起，去面对这不可避免也无法阻挡的成长。

给不愿等待的孩子的治愈系故事

你或许拥有无限的财富，

一箱箱的珠宝与一柜柜的黄金，

但你永远不会比我富有，

我有一位讲故事给我听的妈妈。

——史斯克兰·吉利兰

故事是孩子成长的精神食粮。长大成人后的我们，回想起小时候最温情的画面，莫过于躺在妈妈怀里，听妈妈讲各种生动有趣的故事了。妈妈讲的故事像一粒粒种子，在孩子纯洁的心田里播撒下美好和希望；妈妈讲的故事像无穷无尽的智慧源泉，慢慢渗入孩子的心灵，滋养着他们的灵魂。听妈妈讲故事，那简直是太享受的一件事了！

小巫曾说："有一类故事是特别为某些特定需求而编纂的，尤其是为了帮助孩子改善某些行为，或者渡过某些困境。这类故事被称为'治愈系故事'。顾名思义，治愈系故事就是对孩子内心的苦闷、生活中的变化和波折，以及偶尔的失衡行为能够起到安抚、化解、治疗效果或者辅助治疗效果的故事。针对问题行为和状况，用故事来实施治疗，让失去平衡的行为和状况重归平衡。很多时候，说教、鼓励等等都显得苍白无力，而故事则能达到几乎‘神奇’的效用。”

叶儿三岁半的时候，开始有了一些对时间词汇的模糊概念。自从能够区别昨天、今天、明天、现在、过一会儿、下次等词汇之后，就出现了不愿等待的现象，常说的话是：“我就是要现在，我不要等一会儿！”无论是喝酸奶还是去公园，都希望马上得到满足，否则就会哭闹。在尝试了倾听、共情等方法后，我们决定进一步编一个治愈系故事。

我们构思了一个小猴子种桃子的故事，打算通过春耕、夏耘、秋收、冬藏的过程来让孩子体会等待。

经过修改，有了下面这个版本，虽然是一篇关于等待的故事，但全篇连一个“等”字都没有。也许这就是治愈系故事的魅力所在吧。

仙 桃

有一只小猴子，非常羡慕猴群中那些威武强壮的勇士。他也想像那些勇士一样，穿上金光闪闪的盔甲，保卫山林。一只老猴子告诉小猴子，盔甲都在遥远的神山上，只要爬到山顶，穿上金色的盔甲，就能获得无穷的力量。（小男孩都对盔甲感兴趣，喜欢听铠甲、兵器的故事，同时又羡慕比自己年龄大的孩子的力量。）

小猴子收拾好行囊，踏上了去往神山的路。路途非常遥远，小猴子穿过幽暗深邃的丛林，蹚过浑黄湍急的河流，走过黄沙漫卷的沙漠，翻过白雪皑皑的高原。有时被烈日晒得汗流浃背，有时被冰雹砸得无处藏身，有时被狂风吹得睁不开眼，有时被雷电吓得直打哆嗦。（年龄小的孩子通常关注点很多，思维发散，这里用不同的地形加上不同的气候构成排比句式，可以增加对孩子的吸引力。同时幼小的孩子具有很强的感同身受的能力，这里描写小猴子一路上跋涉的千辛万苦，可以唤起他的同理心，让他觉得仿佛是自己在经历故事中的历程。）

终于在历经了种种艰难险阻之后，小猴子来到了神山脚下。他顾不上休息，就急匆匆地往山上爬。可是山太陡峭了，每当他爬到一半的时候就会滑下来，总是到不了山顶。小猴子又急又累，靠在一棵大树下哭了起来。

这时大树的叶子摇晃了起来，树干上出现了一张慈祥的面孔，一个苍老的声音说："我是树神，孩子，你为什么哭啊？"（原本想写一个精灵仙子，但因为叶儿爸常年在外地，不能每天在家陪伴他，于是为他塑造了一个男性形象。）

小猴子说："我要爬到神山顶上去拿金色的盔甲。可是我的力气不够，总是爬不上去。"

树神说："神山土里长出的仙桃可以赐给你力量，帮助你爬到山顶。你只要……"树神还没说完，小猴子就立刻爬到山脚的桃树上，左一口、右一口，一连吃了好几个大桃子，然后兴冲冲地往山上爬。可是，他还是爬不上去。（猴急猴急，完全不能等待。）

小猴子垂头丧气地回到大树下，树神笑眯眯地说："你呀，要吃下自己亲手种出来的仙桃，才能获得力量，爬到山顶。别人种的桃子，不管用的。"说着，树神拿出颗桃核交给小猴："这是仙桃的种子，你拿去吧。"

小猴接过种子，立刻刨了个坑把它埋了起来。然后眨了眨眼睛，问道："怎么还没长出来呀？"

树神微笑着说："你挖的坑太浅了，种子的根没办法扎稳呀。"

于是小猴子挖了一个又大又深的坑，把种子种了下去，又一捧一捧把土填满。小猴子坐着看了一会儿，又抓抓耳朵问："怎么还没长出来呀？"

树神又微笑着说："它渴了，要喝水呢。"

小猴子歪着头想了想，跑到河边打了水来给种子浇水。然后又蹲在旁边，盯着种子种下去的地方。过了一阵子，还是没动静，小猴子又沉不住气了："它怎么还没长出来呀？"（每次等待的时间已经越来越长。）

树神又微笑着说："它还需要养分，才能长得高大。"

小猴子拾来了肥料，小心翼翼地洒在种子周围。这时，小土包被顶开了一点，一株小苗从土里探出了头。小猴子非常高兴，但马上又噘起了嘴巴，说："它怎么这么小啊？"

树神微笑着说："总有一天，它会长成像我一样的参天大树。"从此以后，小猴子每天都来给小树苗浇水施肥，小树苗一点一点地长大了。（从种下种子开始到这一部分，情节相似，属于叠加故事，符合低龄儿童的心理特征。）

一天晚上，狂风大作，暴雨倾盆。小猴子从睡梦中惊醒，他想起了小树苗，不知道它会不会被风雨吹倒，于是立刻奔了过去，给小树苗立起支杆。白天，小猴子发现小树苗的叶片上有很多虫子，于是就仔细地替小树苗捉虫。（树神已经不再出现了，小猴子对小树苗的照料已经成为自发行为。）

就这样日复一日，年复一年，小树苗越长越高，越长越壮，枝繁叶茂。春天，小猴子在桃花中嬉戏；夏天，他在树荫下乘凉；秋天，小猴子捡起落叶，拼成各种美丽的图案；冬天，他就在桃树下堆一个大大的雪人。（小猴子开始享受等待的过程，在漫长的等待中找到了不同的乐趣。）

终于有一天，当小猴子来到桃树下的时候，他发现桃树上结满了又大又红的仙桃！小猴子高兴极了，他飞快地爬上桃树，左亲亲，右看看。吃了又香又甜的仙桃，小猴子感到身上充满了无穷的力量。（吃到自己亲手种的仙桃，身上充满了力量，象征着孩子通过自身的努力，内心的力量得到了增长。）

小猴子飞快地爬上了神山，山顶上有一副专门为他准备的金光闪闪的盔甲。小猴子穿上金色的盔甲，才忽然发现自己已经长成了一只强壮有力的猴子，再也不是以前的小不点儿了。（在童话故事中主角通常需要历尽千辛万苦才能达成目标，而这就是灵魂净化的过程。通过经历这些艰难困苦，他最终找寻到自己内心的力量。）

治愈系故事的魅力就在于，它会像种子一样根植于孩子心中，潜移默化地滋养孩子的内心，让孩子心生美善，充满力量。而父母们要注意的是，千万不要去“拷问”孩子故事的意义。不要询问孩子：“这个故事说明了一个什么道理啊？”或者“你从故事里学到了什么啊？小猴子身上有哪些地方值得你学习呀？”也不要去解读故事的含义，仿佛非得确认孩子从中学到了什么才罢休。这样的方式会把治愈系故事变成说教式故事，故事的美感和滋养就不复存在了。

不少妈妈在给孩子读了这篇故事后，告诉我孩子特别喜欢，而且会和爸爸妈妈一起，用玩偶、积木、布块儿等将故事里的场景表演出来。这正是孩子吸收、内化的过程，是对内心真正的滋养。就让我们带着满满的爱，带着耐心，陪伴孩子走过这一段历程吧。

家有俩宝，生活中的笑与泪

为两个孩子许下爱的承诺

知道自己怀上二宝的时候，叶儿还不满两岁。面对这个突然到来的新生命，在喜悦的同时，我也有不少担心。原本想着等叶儿上幼儿园后再考虑生二胎，现在却比计划提前了这么多，我能让两个年龄相差这么小的孩子彼此接受吗？

独生子女的弊端正日益显现，国家逐渐放开的生育政策也让更多的父母们选择了生二胎。可是我自己是个独生女，刚当上母亲才两年，我能做好两个孩子的妈妈吗？当我在代替另外一条生命做出如此庄严神圣、不可逆的决定时，我可有足够的勇气和力量？我可有足够的智慧和耐心？

也许还没有，但我愿意去努力学习。没有人天生就会做父母，我会尽自己最大的力量给予他们爱和温暖，虽然不能事事尽如人意，但至少无愧于心。得与失永远是相对的。也许叶儿会失去我的一部分关注，但他也会获得更多独立尝试和探索的机会以及弥足珍贵的手足之情。

做两个孩子的妈妈，可不是一加一等于二的工作。因为我们和孩子之间、孩子和孩子之间不是简单的一对一的固定程序。虽然我做了很多心理准备，但当叶新真的出生之后，我依然会手忙脚乱、焦头烂额。

亲兄弟之间“血浓于水”是肯定的，但千万别指望他们俩能“一见钟情”。他们的感情同样需要培养，需要我们做很多准备工作。

知道自己怀孕后，我开始有意无意地告诉叶儿，妈妈肚子里有个小宝宝，等小宝宝生出来了，叶儿就是哥哥了。我也买了一些这方面的绘本，比如《小猫当当》系列中的《有妹妹真好》，《小兔波力》系列中的《我当哥哥了》。亲子共读时讲给叶儿听，让他觉得当哥哥是一件很了不起的事。

一开始叶儿对此没什么概念，随着我的肚子慢慢大起来，叶儿的奇思妙想就显现出来了。他会说：“等弟弟生出来了，弟弟坐车我来推！”“我倒牛奶给弟弟喝！”“我抱弟弟一起听故事！”“弟弟睡这一边，我睡那一边！”“我给弟弟换尿片！”等等。

有一天，叶儿问我：“弟弟一生出来就能和我一起玩吗？”我才猛然意识到，他可能没有初生婴儿的概念，他把即将出生的弟弟想象成幼儿园的玩伴了。于是我每天带他看两段他小时候的录像，有刚出生时洗澡的，有两个月玩摇铃的，有一百天啃毛巾的，有半岁拍小鼓的……

通过观看自己的成长录像，叶儿对小婴儿逐渐长大的过程有了概念，并且知道了小婴儿会有些什么表现，都需要父母的哪些照顾。这样在叶新出生后，他就不会对小家伙的哭闹、吃奶、拉屎等现象觉得奇怪或烦躁了。同时，重温自己的成长过程，让叶儿心里再次充满了爱。原来我小时候妈妈也是这样照顾我的，我曾经在妈妈怀里幸福地吃奶，妈妈曾这样陪我一起玩……

我也会带着叶儿一起准备新生儿的衣物，拿着小小的衣服在叶儿身上比画，小家伙立刻觉得自己长得好大了，是大人了。我和叶儿一起组装婴儿床的时候，叶儿会特别憧憬弟弟出生后的日子，觉得自己要当哥哥是一件非常骄傲的事情。

当我的肚子已经很明显的时候，叶儿就喜欢玩手指毛毛虫，经常趴在我身边，用食指一勾一勾地在我肚子上爬，边爬边坏笑着说："爬爬爬，弟弟说好痒好痒！是谁在挠痒痒啊？"于是我也配合着他，晃动肚皮说："好痒好痒！是谁在

外面呀？”叶儿就自豪地笑着说：“我是哥哥！”

叶新出生的那天，我告诉叶儿弟弟马上就要生出来了。叶儿显得有些兴奋，也有些紧张。叶新出生后，叶儿到婴儿床前看他，抬起头来说：“弟弟好脏，我要给他洗澡。”第二天，叶儿说：“妈妈你给弟弟洗个脸吧，他脸上都是壳壳。”第三天，叶儿说：“他怎么还掉皮呀，妈妈你都不给他洗的吗？”让我哭笑不得。

叶新出生后，经常会有亲朋好友前来探望。如果叶儿在场，我就会悄悄拿出预先准备好的小礼物给客人，让客人以他的名义送给叶儿。这样叶儿就不会觉得大家只送东西给弟弟了。

叶新出生的那天是周末，周一叶儿去幼儿园时，我托家人送了个大蛋糕过去，并且和主班老师电话沟通了一下，希望幼儿园能给叶儿举行一个仪式，庆祝他成为哥哥。那天晚上放学回来，小家伙兴奋地说：“妈妈，你知道吗？整个幼儿园的小朋友，就只有我一个人有弟弟，他们都没有。我好厉害！”

从医院回到家里的那一天，我拿出了早就准备好的礼物。有叶儿最喜欢的消防员山姆的木星号，有黑猫警长的手枪，有托马斯立体轨道火车，有大型飞机模型，还有几套绘本和一小箱零食。这些都是叶儿特别喜欢并且一直念叨的玩具。

我对叶儿说：“这些玩具和绘本是弟弟送给你的，他很高兴来到我们家，也很感谢你做他的哥哥。”出乎意料的是，叶儿看到那么一大堆礼物，并没有马上扑过去，而是走过来看了看弟弟，问：“他为什么要送礼物给我呀？”我说：“因为他爱你。”叶儿好像害羞了一样，把头埋到我胸口，过了一会儿抬起头来，小声说：“我也爱他。”看着他眼里晶亮晶亮地闪着光，我的心都要融化了。

感谢上苍赐予我两个孩子，这如水晶般澄澈的心灵，让我无论遇到什么，都心存感恩。这两个孩子即便千差万别，也不会影响我对他们的爱和关怀。因为在我选择养育两个孩子的时候，就对他们都许下了爱的承诺。

这一地鸡毛的生活

二胎的幸福是难以言表的，二胎的艰辛也是无法言说的。所以，这篇就写写这一地鸡毛的生活吧。

叶新三个月时，我带他去打了五联疫苗，回家后他开始烦躁不安、哭闹不止。之前打过其他疫苗，并没有出现什么疫苗反应，所以我也没当作一回事，只想着刚打完针闹一闹很正常。

到了晚上，叶新的哭闹越来越厉害，声音都嘶哑了，无论怎么安抚都没有用。最要命的是他开始拒绝吃奶，无论是亲喂、瓶喂，还是吸出来用勺子喂，一概不吃。只要一把他横抱成吃奶的姿势，他就立刻打挺、大哭。我仔细检查了他的口腔和喉咙，并没发现起泡或者鹅口疮，带他去医院检查也并未发现异常，只说是疫苗反应。没办法，只好这样熬过去。失去了最有效的安抚方式，我只好一手托着屁股，一手托着脖子，将他竖抱着靠在肩头，在家里不断地踱步。

到了睡觉的时候，我先陪叶儿做游戏、讲故事，哄他入睡。而这个过程中，叶新就在客厅不断地哭闹，让我根本无法集中注意力来陪伴叶儿。好不容易等叶儿睡着了，我连忙冲出去，从阿姨手中接过叶新继续安抚。

可叶新似乎六亲不认，无论谁抱都没有用，哭得惊天动地、面红耳赤。离前一次喂奶已经过去快六个小时了，他还是拒绝吃奶，越喂越哭。整整一个晚上，叶新的哭闹占去了大部分时间，哭累了睡着了，不到二十分钟又会惊醒，醒来继续大哭。我只好抱着他在屋里不断地走，就这样走了一个通宵。

第二天早上，我把叶新交给阿姨，给叶儿穿上衣服送到幼儿园，回家后继续面对不断哭闹的叶新。他一整晚都没吃奶，这让我十分担心。阿姨想了个好主意，她把叶新哄睡了，在他迷迷糊糊的时候送到我这儿来。这时叶新肯吸吮，但也就那么五六口，立刻反应过来，吐出来继续大哭。就这样吃几口、大哭、哄、再吃几口、再大哭、再哄……熬过了白天。

下午去幼儿园接了叶儿回来，又开始了俩娃模式。一个要陪玩要讲故事，一个继续哭闹。我整个脑子都是木的，机械地回应着。叶儿爸在外地工作，家中没有老人帮忙，很多事情只能自己扛。多亏还有阿姨在，让我能稍微喘口气。但就算是有十个人帮忙，对于孩子来说妈只有一个。当两个娃同时要抱要哄要妈妈的时候，其他人也爱莫能助。

又是一个难熬的夜晚。我让阿姨带叶儿睡，以免叶新吵到叶儿。但叶儿睡了没多久就忽然醒来，一定要回我床上。没办法，只好先哄了他，再去抱叶新。

我不知道叶新为什么会哭闹不止，他只有三个月大，无法告诉我他哪里不舒服。但我知道他哭闹一定有原因，我能做的就是陪伴、安抚和等待。整个夜晚又是在哭闹、哄抱中度过。叶新不让我坐，必须抱着走，嘴里还得说话，否则就哭。两个通宵走下来，我估计我都已经围着长沙城绕一圈了。

半夜叶儿突然哭醒，我连忙把叶新丢给阿姨，自己去安抚叶儿。叶儿哭着说，卧室的吊灯里有一只眼睛，他害怕。我抬头看了看，应该是吊灯上水晶球的反光。但我没办法对一个受到惊吓的孩子讲清道理，只能抱着他，轻柔地安抚，等待他再次睡去。

接下来是周末，俩娃都在家，一个精力充沛各种折腾，一个依旧哭闹不休，被折磨了三天的我已经快到崩溃的边缘了。好不容易把叶新哄睡，叶儿一个大声就能把他吵醒，叶新立刻大哭。这就意味着我之前抱着走的几个小时都白费了，又要从头开始哄。这时候别说是打人了，我连杀人的心都有了。但叶儿又有什么错呢，他不过是个刚满三岁的孩子，他喜欢弟弟，还会自己编儿歌："摇啊摇，摇到外婆桥，我们不要吵，弟弟在睡觉。"让我的心里生出一丝小感动和小歉疚。

周末的时间真是难熬，我开始无比怀念叶儿上幼儿园的日子，感慨幼儿园真是世界上最伟大的发明，而我也从来没有如此讨厌过周末。叶新在怀里哭得撕心裂肺，叶儿在屁股后面追着要讲故事，我的耐心一点点被耗尽。缺乏休息让我头痛欲裂，我终于病倒了，浑身骨头疼。但妈妈这个职业是没有休息日的，也不能请假。我瘫在沙发上，叶儿在左边拉扯我，叶新在右边大哭。

身体得不到休息，精神得不到安慰，产后抑郁大爆发，我开始神经质地流泪。我为什么要隔这么近生两个孩子？我为什么要生两个孩子？我为什么要生孩子？我为什么要结婚？经过阳台的时候，我特意把窗户关上，以免自己会崩溃到把孩子从窗口扔下去。

我从来没有如此向往过一个人的生活，可以美美地睡觉，可以做自己想做的事情；可以泡一杯香茗，坐在阳台上翻阅喜欢的书籍；可以在阳光明媚的春日来一场说走就走的旅行。我的那些只有一个孩子的朋友们，都开始带着孩子在各地旅行，参加各种活动，生活是那么滋润。而我现在，蓬头垢面，眼睛红肿，每天都在极度缺乏睡眠中度过，还要强打精神照顾两个娃。

又是一个不眠之夜，我抱着叶新静坐在夜色里，看窗外的路灯，看马路上零星的汽车驶过。有人问我，带一个孩子太辛苦，怎样才能变得轻松一些。我冷笑，想让带一个孩子变得轻松吗？那就再生一个吧，等你有了两个孩子，你就会发现带一个孩子是多么轻松快乐。经过这次，我也发现带两个健康的孩子是多么幸福了。

第四天，叶新已经筋疲力尽。平时抱着他的时候，他总是手舞足蹈，现在已经不再动了，逗他也不会笑了，只是很茫然地看着我。但哭起来还是那么声嘶力竭，仿佛把全部力气都用来哭了。

周一叶儿返园，我把他送去幼儿园后，坐在楼下的长椅上不愿回家，因为只有这一段时间我能清静一下。但只过了十分钟，阿姨的电话就来了，叶新又哭了。我叹了口气，上楼，回家，继续生活。我安慰自己，经过这一场折磨，我一定会瘦下去的吧，我苗条了，就可以穿漂亮衣服了。

第五天，叶新终于愿意吃奶了。在他主动吸吮的那一刻，我的眼泪滚滚而下。这就是生活啊，没有我们期望的那么美好，但也没有我们想象的那么糟糕。无论遇到怎样的困难，日子都还是要继续下去。

我的内在还是不够丰盈，在度日如年的这几天里，我无数次想要发火、咆哮、骂人。我自我安慰地想着，等以后我带着两个大帅儿子走出去的时候，回想这一段日子也一定是幸福的吧。

周围的朋友中，有不少是有两个孩子甚至三个孩子的，她们每天的日常也一定是平静寻常而又惊心动魄的吧。还有很多朋友没有丈夫的支持，没有家人的帮助，自己一个人全权带娃，这种滋味只有经历过的人才会懂。有的时候流泪并不是因为软弱，而是因为坚强了太久。

很多人问我："为什么你总是那么有爱、有耐心，心态那么好？"其实生活中的我并非总是如此，我也会发牢骚、不耐烦，也会流泪、痛苦，甚至自暴自弃。但我依然坚信，一切都是经历，一切都会过去，无论是快乐还是痛苦，都是今后滋养我们的回忆。没有必要妄自菲薄，生活中的我们其实比自己想象中坚强得多。

一周后，叶新度过了疫苗反应期，生活也恢复了往日的样子。每天我继续奶娃、哄睡、陪玩、讲故事、起夜……等多年后孩子们都大了，再回头看看这一段，也会是弥足珍贵的回忆。这就是孩子，我们甜蜜的负累。这就是生活，黎明接着黑暗，黑暗过后又是黎明。

你不是脾气暴躁，你只是需要休息

生了叶新之后，我发现自己养成了一个坏毛病：每天都要洗澡，每次要洗一个小时。那时候叶新还很小，在我洗澡的时候，阿姨一个人带两个孩子，她就很抓狂："你夏天也要洗一个小时，冬天也要每天洗澡，不至于吧？"而我的态度就是，虚心接受，坚决不改。

有一年国庆假期，叶儿和爸爸出去旅游了。叶新晚上睡着后，阿姨恶狠狠地对我说："这下你可以洗个够了，你就是泡个玫瑰浴也没人管你了。"我也喜滋滋地想，是啊，终于可以放松一下了。

结果，那天晚上我没有洗澡。这么宝贵的时间，怎么能拿来浪费在洗澡上呢？这时我才意识到，我的目的根本不是洗澡。作为一个全职妈妈，每天二十四小时带着俩娃，只有洗澡的时间才是我自己的时间。在这个时间里，任凭外面吵得再大声，我也听不见，你们也进不来。

曾经有一篇漫画刷爆了朋友圈，画的是一个普通妈妈的日常，引起了太多妈妈的共鸣。大家纷纷转发的原因是，它生动形象地描绘了妈妈们的生活和心情，每个人都能从中看到自己的影子。

无论是全职妈妈还是职场妈妈，都同时承担着数个角色。除了要做好自己的本职工作之外，还要带孩子、收拾家、陪玩、陪散步、陪讲故事……各种零散琐碎的事情铺天盖地。而孩子就像是一个黑洞，任你有多少时间和精力，都被吸得一干二净。有时候我一天到晚忙个不停，感觉已经累得筋疲力尽了，但掰着指头数数看，好像这一天也没干什么，不知道为什么时间一点都不剩。

同时我也发现，我睡觉的时间越来越晚。原本到晚上已经累得快趴下了，好不容易等孩子睡着，终于迎来一点属于自己的时间，舍不得睡啊。赶紧看书、备课、敷面膜、刷朋友圈……可是当俩娃夜醒的时候，当第二天我顶着两只熊猫眼死活爬不起来的时候，又会无比后悔。我为什么要熬夜啊？今天一定早点睡！然而到了晚上，一切又照旧。

自从有了两个孩子，我最怕的就是各种节日。端午节、儿童节、中秋节、圣诞节……每到这些日子，我就得先去老大班上排演节目，再去老二园里参加活动，俩娃的班级各有各的要求，连行头都得准备双份，还得不一样，而日常琐事一件不少。这时候别跟我提什么温柔、耐心，我能不发脾气就已经是千年的修为了。

有一年，我家阿姨有事需要请假一个月，叶儿爸出差回不来。阿姨离开的那一天早上，我一个人对着俩娃大眼瞪小眼。那时候的叶儿三岁，叶新五个月。突然一下没有了外界任何帮助，一个人带俩娃还要买菜、做饭、洗衣、搞卫生、备课，我不由得无比抓狂。白天照顾完孩子们，晚上再熬夜料理自己，一个人就是一支军队啊！但也没有办法，谁叫咱是妈呢，硬着头皮也得上啊。

那时候每天的生活都像是一场硬仗，尤其是周末俩娃都在家的时候。一个人面对年纪相仿的两个小娃，分分钟都能把人折磨疯。有时候我甚至会怀疑自己是不是压根就不爱孩子，否则为什么每天都这么烦躁呢？对，没错，生养孩子是我自己的选择，没什么好抱怨的，但我的烦我的累也是此时此刻切切实实的感受啊！晚上把俩娃都哄睡着之后，看着家中如同台风过境般的现场，还得灾后重建，我简直欲哭无泪。为了让自己坚持下去，我只能随时给自己备着点鸡汤，打着点鸡血。

于是我开始自我催眠。松本道雄说：“嫌孩子麻烦，怎么不去养热带鱼？”好吧，每当我感觉自己要崩溃的时候，就在心里默念：“勿忘初心，方得始终。”再抓狂，就告诉自己：“这个年龄的孩子都是这样的。”要爆发时，提醒自己：“真正的爱恰恰始于孩子不乖的那一刻。”

然而再怎么催眠还是有绷不住的时候。一天早上，我一边给叶新洗漱，一边催叶儿赶紧穿衣服去幼儿园，想着他去幼儿园了我总算能轻松点。可叶儿偏偏不配合，各种执拗。当叶儿把我给他盛的粥啪地一下弄翻在地的时候，我终于忍无可忍了。这时候别跟我说什么再过十年你想要这个机会都没有了，我不管什么再过十年，我现在就想让他们立马从我眼前消失！我朝叶儿大声吼道：“不想吃就别吃了！赶紧走！叫你快一点听见没有！”

因为咆哮的声音非常大，叶儿一下被唬住了，乖乖地拿起书包跟着我出了门。我把他绑在安全座椅上，送他去幼儿园。一路上他都很安静，一句话不说，我也在气头上，一直阴沉着脸，内心无比沮丧，学习了这么多育儿理论和方法，却还是连自己的脾气都控制不了。我简直糟透了，我就是那种会伤害孩子的妈妈。

快到幼儿园时，一直坐在后面沉默不语的叶儿忽然说："妈妈，其实我知道你是很爱我的，只是有时候你会心情不好。"

瞬间被击中，心中最柔软的地方仿佛被狠狠地揪了一下，眼泪一下子涌了出来。我赶忙拿起墨镜戴上，以免叶儿看见。终于体会到，这就是生活，有各种激励人心的鸡汤、鸡血，也有无法逃避的一地鸡毛。

十碗鸡汤，不如一记实打实的耳光。我看到我一直在鞭打自己："你还有哪里没学到！你还有哪里没做好！"我承认，我的时间、我的精力、我的状态，在这样的情景下就是有限的。我做不到完美，我就是会烦躁、会疲惫、会发脾气，然而这就是当下最真实的我，一个在成长道路上摸爬滚打、姿势难看，但从未放弃过努力的我。

从那以后，我不再追求完美，开始找一切可能的机会让自己轻松一点。我不再纠缠细节，只要不是原则问题，就大胆地放手放权。我不再耗费太多精力在小事情上，而是更多地平衡全局。我不再苛责自己，因为我知道，我不是不爱孩子，我只是需要休息。

每个人都需要休息，需要有一定的独处时间，这一点非常重要。在独处时间里我们可以调整、梳理自己，让我们有更好的状态和家人相处。但是很多当了妈妈的人，几乎没有这个时间。如果独处的时间长期被剥夺，就会给身心带来明显的影响，使我们感到失去自我控制和独立性，进而感到严重的身心失衡。

我们在极度疲劳的状态下，情绪是很容易波动的，尤其是需要兼顾到孩子，还要腾出时间给自己的时候。很多妈妈会说，自己看了很多书，明白了很多道理，可还是经常发脾气，无法调整自己的情绪。其实很多时候，并不是因为你脾气暴躁，你只是太累了。

请家人帮忙分担一些，找一切可能的机会放松自己，妈妈心情好了，孩子才能好。无条件爱孩子的同时，我们也要无条件地爱自己，照顾自己。在这样如机器人一般高速运转的日子里，一定要找机会给自己补充能量，只有得到足够的休息，我们才能更好地陪伴家人。

最重要的是妈妈们不必苛责自己，不要怀疑自己对孩子的爱。只有足够好的妈妈，才会担心自己不是一个好妈妈。也许只要休息一下，睡个整觉，我们就会再次满血复活。有时候真的不是我们做得不够好，而是因为我们真的太累了！

冯夏婷教授曾说："在这个世界上有一种职业很特殊，它是全天候的，不分白天和黑夜，没有休息日，不能请假，也没有退休的一天，更没有薪水可拿；在这个世界上有一种冠冕也很特殊，它是终身制的，从加冕的那一刻起，就永远不会被褫夺，只是有时候，它给人带来的不仅仅是荣耀，还有责任、紧张和压力……这种职业，这种冠冕，叫作母亲。"

有时欣欣向荣，有时万念俱灰；也曾豪情万丈，也曾一落千丈。每个凡俗中的人都一样，有起伏的才是生活。偶尔弄得一地鸡毛没什么大不了，所谓成长，就是在不断的磕磕绊绊中继续前进。那么就让我们彼此搀扶着，深一脚浅一脚地往前走。带着饱满、柔韧、坚强的心，慢慢往前走。即便摸着黑，也一定会看到前面的温暖和光明。

双宝之争，不做法官

随着二孩政策的放开，越来越多的家庭有了两个甚至更多的孩子。这对于我们这一批已经习惯了独生子女生活的父母来说，无疑是一个巨大的挑战。

很多书籍和文章都强调，父母们应该对所有的孩子一视同仁，绝对平等，这样才能让孩子们感觉公平。然而这个概念是很误导人的，使得父母在对孩子的情感出现不同时会心生内疚，甚至产生罪恶感。我们经常说做父母的对待两个孩子要公平，要一样，但是真的可能一样吗？对于两岁的孩子和十岁的孩子，你的态度肯定是不同的，他们的需要也是不一样的。如果只是为了公平一味地去追求一样、相同，其实并不是真正从孩子的需要出发。

同样，他们是完全不同的两个人，我们对他们的欣赏和喜爱也一定是不同的。就好比孩子既爱爸爸也爱妈妈，但他对爸爸和妈妈的爱也是不一样的。我们不会去比较孩子对父母的爱，既然如此，也没有必要要求自己对每个孩子完全一样，这并不妨碍我们去爱他们。

何况，即便是我们跟孩子强调，我们对他的爱和对弟弟的爱一样，孩子恐怕也不会这样认为。父母对孩子的爱是怎样的，孩子有自己的判断和感受，不是我们强调或要求就能达到效果的。

如果总想着要公平，那在每件事情上你都会想要去当法官，因为要公平嘛。但是，爱的重点是质量，不是相同。对于多子女的家庭，要传递的是父母和孩子之间独有的爱的联结，而不是绝对的公平。我们要让孩子知道，他在这个世界独一无二，我们对他的爱不会因为任何人而改变。父母对每个孩子的爱都是独一无二的，因为孩子自身就是独一无二的。

家里有两个以上的孩子，冲突是不可避免的，但我们不必过分担心，因为这也是孩子们建立关系的必经过程。孩子之间的冲突并不是每一次都需要父母的介入，很多时候他们是可以自己处理的。通过冲突，他们在建立属于他们自己的联结，同时也是在锻炼自己的社交能力。

通常情况下，我对于孩子之间冲突的介入标准是两点：第一，孩子是否求助；第二，是否出现较大的肢体冲突。如果孩子来寻求我们的帮助，我们当然不能袖手旁观，这不代表所有的事情都由我们替他们去解决，而是看看我们能协助孩子做些什么。同样，如果发生了较大的肢体冲突，我们也需要将孩子们暂时分开，做好保护。

有时候虽然孩子之间有冲突，但他们会自己尝试解决，父母不必一看到孩子争执就立刻扑上去替他们想办法摆平一切。这样其实是在剥夺孩子面对冲突、解决问题的机会，有时候孩子并没觉得有多大的事，被父母一搅和，反而觉得事态严重了。

每个孩子都渴望拥有父母的爱，如果对爱的需求没有得到满足，那么对物质的争夺就会永无止休。表面上争的是东西，其实争的是爱、是理解、是关注。当孩子们发生冲突的时候，父母要做的不是去评判对错，而是帮助双方表达自己的感受和需求。

有一次，叶新吃一块蛋糕，吃了一半，把剩下的放在茶几上就去玩了。叶儿走过来看到了，就把蛋糕吃完了。过了一会儿叶新回来，发现蛋糕被吃了，立刻哇哇大哭，冲上去打了哥哥一拳。哥哥还手，俩人打成一团。

我走过去把他俩分开，一只手搂着一个。叶儿气冲冲地说："弟弟打我，所以我就打他，我要打他一百天！"

我说："哦，弟弟打你，你很生气，恨不得打他一百天才解气。"转过头对叶新说："你打哥哥，哥哥会疼。"（倾听哥哥，面质弟弟）

叶新说："谁叫他吃我蛋糕了，我不同意！"

我："哦，哥哥没经过你同意就把你的蛋糕吃了，你觉得很生气。"（倾听弟弟）

叶儿："他把蛋糕放在那里，我又不知道，我以为他不吃了。"

我："嗯，你以为弟弟吃完了，于是你就把剩下的吃掉了。"（倾听哥哥）

叶新："可是我还没吃够呢！"

我："还没吃够，要是还有就好了。"（倾听弟弟）

叶新："可是已经没有了。"

我："是啊，没有了，真可惜。"转过头对叶儿说："弟弟的蛋糕被你吃了，他很难过。"（倾听弟弟，面质哥哥）

叶儿看了看弟弟快要哭的样子，小声说："我真的不知道，我也不想他这么难过。”

叶新听了哥哥的话，身子似乎软了下来，说：“你下次能先问我一下再吃吗？”

叶儿点点头说：“好的。”随后走回自己的房间，拿了一块饼干和一个玩具出来，递给叶新，说：“这是我送给你的，我们一起玩吧。”

我并不会跟孩子强调“哥哥应该让着弟弟”或者“做了错事必须道歉”。孩子之间都是平等的，不存在谁该让着谁。年龄大不是强迫他吃亏的理由，年龄小也不应该成为被纵容的借口。同时，如果孩子心里并没有歉意，强迫他去道歉没有任何意义，甚至有可能会让孩子把道歉当成挡箭牌，觉得反正我已经道歉了，你又不能拿我怎么样。真正的歉意，是能够体会到对方的感受，从而由内心生发而出的。这时即便没有口头的道歉，孩子也会通过行动来表达。

在两个孩子的冲突中，袒护任何一方都不公平，也没有必要追究谁先动的手。介入孩子的矛盾中时，我们应该是协调者，而不是法官或者陪审团。谁对谁错并不重要，重要的是孩子们在冲突中学会了什么。帮助他们把各自的感受表达出来，当我在倾听一个孩子的感受时，其实就是在对另一个孩子进行面质。双方都了解彼此的感受，才有可能生出体谅之心。

孩子是在冲突中学习交往的。即便是我们提前规定“自己保管好自己的东西”或者“吃东西之前先问一下归属”等等，孩子也不一定能够理解、记得并自觉执行。而在这次的事件中不需要我的说教，他们也知道了东西不能乱放、拿东西之前要询问，以及做了错事要道歉。

当两个孩子发生冲突的时候，先帮助他们表达感受，再协助他们解决问题。当孩子的感受可以自由表达的时候，孩子会觉得被理解、被尊重，这时他们会更积极地投入想办法解决的过程中。

除了表达感受之外，父母在协调孩子之间的冲突时，也要让孩子们明白双方的需求，然后再从需求入手，和他们一起来寻找大家都满意的解决办法。

叶儿五岁生日的时候，爸爸送了他一辆滑板车，这下两个小家伙可热闹了，抢着要玩，谁也不让谁。看着他们每天都为滑板车争执，我有些郁闷，于是把他们叫到一起，看看有什么办法能够解决这个问题。

我："滑板车是爸爸送给哥哥的生日礼物，但你俩都想玩，有时候会打架，这让我觉得很为难。给弟弟玩吧，但车是哥哥的；不给弟弟玩吧，又觉得有些不忍心。可是我也不想再买一辆滑板车，总是买两件一样的，妈妈的钱包受不了。"

叶儿："车是我的，我要说了算，我让他玩他才可以玩，我不让他就不能玩！"

我："哦？你是想自主安排自己的东西，你有决定权。叶新你呢？"

叶新："我只想玩。"

嗯，听起来叶儿的需求是拥有物权，独立自主。叶新的需求是有机会玩。而我也有需求，是不想花钱买重复的东西。于是我说："好啊，那我们一起来想想办法吧，看看有没有什么方法让我们大家都开心呢？"

叶儿听了，叽里呱啦一口气说了好几个："我让他玩他就玩，我让他停他就停。""我白天上幼儿园的时候他可以玩，我回来了就还给我。""我们一起玩，弟弟站前面，我在后面，我来控制方向。""妈妈你去买个双脚滑的滑板车，和这个不一样，我俩换着玩。"

我又问叶新有没有什么办法，叶新说：“我坐滑板车，哥哥推我。”过了一会儿，他又说：“我用飞艇和他换着玩。”

七嘴八舌地说了一堆后，我们一起来看这些想到的办法。第一个叶儿说的“我让他玩他就玩，我让他停他就停”。叶儿听了后自己说：“弟弟肯定不会听我的，让他停的时候不停，那我又要打他了。”接下来叶儿提出来的“我们一起玩，弟弟站前面，我在后面，我来控制方向”。这一条又被他否了，他说弟弟太重，俩人一起会摔跤。

最后剩下几条：哥哥上幼儿园时，弟弟玩车。买一个不一样的滑板车，俩人换着玩。弟弟坐车上，哥哥推。弟弟玩车时哥哥玩飞艇。这几条是我们都同意的，于是当天我们就开始执行。

白天叶新玩够了滑板车，到了晚上似乎也不怎么想和哥哥抢了。等哥哥从幼儿园回来，俩人一会儿你推我，一会儿滑着滑板去接飞艇，玩得不亦乐乎。很快叶新生日时，我又买了一辆蛙式滑板车，于是两个孩子每天吃完饭后，各自骑一辆在小区里游戏追逐，别提多开心了。当然有时还是会有争抢的现象，我就再次邀请他们一起想办法，通常用不了几分钟，俩人又嘻嘻哈哈地玩开了。

想办法并不难，难的是我们能不能转变态度，把孩子也吸纳进来，成为解决问题的一员。虽然有时候孩子想的办法可能天马行空，压根不可行，但重要的是让孩子觉得他是在努力参与解决问题，而不是在制造问题。

带着孩子一起想办法，而不是去吩咐、命令孩子。这样，我们也在教孩子们如何参与解决问题。无论是现在，还是将来，无论是在家里，还是他们进入复杂的社会中，这样的方式都能让孩子受用。

04

爱，
就是心底的那一束光

由育儿引发的家庭大战

叶儿刚出生的时候，我像护崽的母兽一样，看谁都不顺眼。月子里，叶儿爸把叶儿抱在手上，像要杂技一样颠过来倒过去，一会儿给做个仰卧起坐，一会儿又抻抻胳膊拉拉腿。我咆哮：“别碰他！这么剧烈的运动怎么行？万一伤到筋骨怎么办？”之后叶儿爸每次试图接近叶儿的时候，我都会虎视眈眈地盯着他，生怕他一个闪失，就会伤到这个稚嫩的宝宝。叶儿爸自觉没趣，干脆就每天窝在书房里玩电脑。我也不觉得有什么不对，正好不给我添乱，他也落得个清闲。于是创下了一个纪录：叶儿六个月了，爸爸抱他的时间加在一起不超过六个小时。

随着孩子慢慢长大，我自以为看了几本新概念养育的书籍，整天把爱与自由、接纳与尊重挂在嘴边，似乎全世界就只有我最懂孩子了。家人若想插手，我通常劈头盖脸就是：“你别……，这样会给孩子造成……”大道理满天飞。

时间长了，我觉得这样的家庭氛围一点都不是我想要的。既然我能接纳每个孩子都是不同的，为什么不能接纳家人对待孩子的方式不同呢？既然说允许一切发生，为什么又不允许家人用他们的方式来爱孩子呢？

叶儿从小就非常喜欢爸爸，特别乐意和爸爸在一起。但叶儿爸一直在外地工作，因此父子相聚的时间就更为珍贵了。于是我尽可能地创造机会让他们父子单独相处，哪怕是叶儿爸用我不认可的方式对待叶儿，我也不再生硬地阻止，而是去营造一种机缘，让他们一起去做一些有趣的事情。

虽然因为大老爷们儿的粗线条，叶儿也曾被摔得满嘴是血、额头乌青，但他还是“义无反顾”地亲近爸爸。我终于明白，爸爸有权用他的方式来陪伴孩子，那就是他们父子的互动方式。无论如何，爸爸在叶儿心中的地位，是我这个做母亲的无法替代的。

当我们学习了新的育儿理念时，会特别希望另一半也能来和我们一起学。有时候妈妈们会强行拉丈夫来参加课程，或是要求他们读育儿书，画重点，还要发表读后感。因为我们有一个观点：父母双方保持一致，才是对孩子好的教育。

而我们这样做，会给丈夫无形的压力，让他想要反抗，想要逃离。于是我们从最开始抱怨丈夫“陪伴孩子时间少，质量差，不接受新理念”，到后面升级为“无法沟通，不理解我，不关心孩子的成长”。然而，当我们如此热切地希望伴侣和我们一起学习的时候，我们要想一想，这究竟是孩子的需要，还是我们自己的需要？

当我这样问自己的时候，我首先想到的是，如果丈夫能和我一起学习，我的育儿方式就可以得到家人的认可，就证明我是正确的，我的方法是最好的；其次，如果他也知道这些理念和方法，下次当我遇到搞不定的事情时，他就可以支持我、帮助我，我也不至于总是把自己弄得焦头烂额；最后，如果我们秉承的是同一理念，我们就不会有那么多的争执和分歧，我们的关系也可以得到改善。

由此发现，育儿问题引起我们对婚姻的焦虑和不满，除了期待爸爸的参与能够让孩子更加健康地成长之外，我们自己还有更深层次的需求和渴望。我们希望有更加完善的亲密关系、更加和谐的家庭氛围，以及基于这一亲密关系的自我发展和认同。当我们能够觉察到这一点时，也许就可以将关注点从爸爸育儿的观念和方法上移开，去看看我们可以做出哪些改变和努力，来实现自己内心的渴望。

如果我们总把视线盯在对错上面，认为自己是对的，丈夫的做法是错的，我们的内心就已经下了这样的一个评判。然而对于丈夫来说，他也认为他是对的，我们才是错的。但是如果我们把视线从对错上面收回来，看到我们和另一半的不同，只是不同，不是对错，那么我们就从二元对立，来到了多元。我们之间只是差异，而不是一定要争个谁对谁错，谁好谁坏。

真实的生活，是父母们各自做真实的自己。让孩子看到父母的多样、差异和分歧，同时他也会看到父母是如何处理这些差异和分歧的，这对于孩子来说是非常好的情商和爱的教育。孩子会看到，爸爸是这样的，妈妈是那样的，那我也可以有我自己的样子，我可以和别人不一样。

孩子也会因此知道：妈妈陪我讲故事是爱我，爸爸带我玩游戏是爱我，奶奶给我买零食是爱我，爷爷让我看动画片是爱我。所有人都很爱我，只是大家爱我的方式不一样。每个人表达爱的方式都不同，孩子也有权去经历他自己生活的多样性。人们是因为相同而联结，因为不同而成长。正是因为人和人之间的不同，才构成了这五彩斑斓的世界。

叶儿三岁时，和爸爸单独出去玩了七天。最开始，叶儿

爸发信息来炫耀："我把儿子骂哭了，我要他不准哭，他说，我哭一会儿就不哭了。"我咧咧嘴。隔了两天，又发来一条："我又把儿子骂哭了，我说，哭一会儿就别哭了啊。他说，不行，我要哭好长时间！"

我哈哈大笑，看来父子二人都在调整自己的方式啊。换作以前，我一定会抓心挠肝，担心会不会对孩子造成伤害，会不会有心理阴影啊。但现在，我分明看到一个从不允许孩子哭到允许孩子可以哭一会儿的爸爸，和一个敢于明确表达自己情绪的孩子。父子二人在这样的互动中彼此学习，互相滋养。

如果遇到较大争议时，我会尽量以尊重和爱的态度去沟通，去处理分歧。这样既营造了家庭成员之间的爱的氛围，也让孩子看到了你是如何处理自己和别人的不同。有时我会邀请孩子一起来想办法，对他说："嗯，这件事情在妈妈这里是没有问题的，但是爸爸不同意，因为爸爸可能会有一些担心。妈妈很爱爸爸，爸爸的感受也同样重要。我们能不能一起来想个办法，既能让你高兴，也能让爸爸放心呢？"这样既表达了对爸爸的爱和尊重，又表达了对孩子的理解和支持，孩子就是在这样的过程里，学会如何处理自己和他人的分歧。

许多妈妈希望孩子的爸爸多参与孩子的生活和教育，但经常用的方法是唠叨、抱怨、指责和批评，不但没有达到自己想要的效果，反而将爸爸越推越远。想要父亲与孩子之间建立起亲密的关系，就要让父亲有意识地参与照顾孩子的工作，给父亲和孩子创造单独相处的空间。不去指责批评父亲照顾孩子的方式，而去做父亲与孩子之间的桥梁。

没有谁天生就会做父母，爸爸也需要在和孩子的互动中学习。放松心态，不要因为担心爸爸会给孩子带来伤害，就一直将孩子护在身后，将爸爸隔离。只有精神放松了，父母的状态才会好起来，才能相应地带动孩子的状态好起来。

罗玲老师说："当孩子爸跟你有不一样的意见时，只要总体气氛是融洽的，那么对孩子来说就是好事：他有更多视角、选择、备用方案，兼听则明。妈妈和爸爸总是不同的，互为补充。一个是地，给予接纳和安全感；一个是天，给予激励和目标。这样去看，不仅能给家庭带来和谐，也让孩子感受到气度、灵活和开放的力量！"

其实，呈现真实的生活，也是一种情商和爱的教育。可怕的不是不同的思想，而是被强制的统一，那才是一种画地为牢的禁锢。分歧不是问题，如何面对分歧才是我们需要学习的。家人之间处理分歧的方式，也是在向孩子展示如何内外一致地表达自己，如何有效地和他人沟通，如何既保有自我又尊重对方，以及如何共同合作、达成目标。

除了夫妻分歧之外，困扰我们的还有我们和老一辈之间的关系，尤其是当父母辈与我们同住的时候，家庭大战更是一触即发。对于父母辈来说，关系大于教育，如何让家中充满爱的氛围，比纠正他们的育儿方式要重要得多。

有一本书叫作《爱的五种语言》，书里介绍了五种我们渴望爱及表达爱的方式，分别是：肯定的言词、精心的时刻、服务的行动、礼物、身体的接触。

在日常生活里，我们可以通过这些不同的爱的表达方式，来向我们的家庭成员传递爱的信息。每个人都有自己最希望得到的爱的方式，也有自己比较擅长的表达爱的方式。如果我们能够找准对方的爱之语，就可以达到事半功倍的效果。

比如我们的父母辈，他们向我们表达爱的方式，可能更多采用的是“服务的行动”。他们会帮我们带孩子、做家务，提醒我们增减衣服，让我们保持良好的生活习惯等等。然而很多时候，我们并没有接收到这份爱。我们总是会挑剔他们带孩子的方式不科学，做家务没有按照我们的标准来，嫌弃他们的叮嘱太啰唆……

我们的父母们最渴望得到的爱的方式，恐怕要属“肯定的言词”了。他们为我们做了这么多，希望得到我们的肯定和认可，也需要实现自己的价值感和归属感。然而我们给他们的，却往往是批评和挑剔。如果是这样，双方就很容易陷入拉锯战。越是得不到的，就越是要在每一件事上都争取。

最开始，老人们会想尽一切办法证明自己是对的，他们可能会说：“别人家都是这么带娃的啊，那孩子可听话了！”“你小时候我不就这么把你带大的吗？你看你现在不也挺好？”而我们更加需要维护自己在家庭里的地位，于是反驳：“听话不见得是件好事！”“谁说我挺好了？你知道我有多少心理阴影吗？”

被否定后，他们无法证明自己是对的，于是就会转而攻击：好啊，既然不能证明我是对的，那我就攻击你是错的。他们可能会说：“你这一套方法不行，你不在的时候孩子还好带一些，你一在就哭起来没完。”“都是因为你给孩子穿少了，现在可好，感冒了吧！”

一旦陷入了这种“我对你错”的争执中，事情本身就变得不那么重要了，重要的是谁会赢。我观察过一些夫妻或者母女的争吵，吵架开始五分钟之后，基本上就已经完全听不出他们最开始是因为什么而产生分歧了，吵架的内容已经离题万里。但所有人都在力争一件事，就是确保自己最后获胜。

如果我们平时可以通过爱的方式去表达，看到父母或者伴侣做得好的地方，并予以肯定和欣赏，他们的价值感和归属感得到了满足，就不会在每一件事情上都和我们争个输赢了。

也许有时候我们会郁闷：“我想和他沟通啊，我也表达了我的意愿了，可他从来不配合啊！”这时候我们可能要看看，不一定是你的表达方式错了，而是你们之间的关系出现了问题。想要顺畅地沟通并得到对方的理解与配合，需要你们之间有爱。如果是因为关系问题导致了沟通无效，我们要先修复关系，再解决问题。把我们和对方之间那个储存爱的箱子填满，当双方爱意满满的时候，很多问题自然而然就解决了。

当无条件养育撞上公立教育

经常会有一些妈妈向我提问："无条件养育简直是太好了，可是全家只有我一个人学习怎么办？其他家庭成员、学校的老师、社会上的人，他们都不会用这样的方式来对待孩子啊。""我孩子上小学了，学校老师就是会各种奖励、各种惩罚啊，大环境如此，我要怎么保护孩子呢？"

是啊，当我们接触到无条件养育、爱的语言的时候，会被那份美好吸引，会被它们透出来的浓浓的人文关怀打动。可是回头看到生活中的各种不符、各种粗糙、各种坚硬，顿觉力不从心。当我们无法改变大环境时，就会心生纠结、焦虑、痛苦和担心。

我的萨提亚老师安娜曾经在自家客厅里种了一棵发财树，但她发现那棵树总是往歪了长。于是她用绳子绑住长歪的枝叶，想把它勒回来，可是树却越长越歪。终于有一天，绳子断了，被勒住的枝条瞬间舒展开来，导致重心不稳，连同花盆一起栽倒在地上。安娜向懂得花艺的朋友请教，朋友告诉她，树在朝阳台的方向长，只要每隔几天将花盆转半圈，树就不会长歪了。

安娜是用开玩笑的口吻讲的这个故事，我听到时却无比震撼，为植物向阳的力量而赞叹。其实，孩子也是如此。我们都知道，孩子不是一张没有生命和思想的白纸，他不会任由我们涂抹。孩子是一粒种子，他未来的一切可能都已经包含其中。既然是种子，那他就有趋光性。在多种教育呈现面前，他最终会趋向于那种最美好、最人性化的教育和爱。

微微辣老师曾经分享过她和儿子阳阳的例子。阳阳小时候，一直是在妈妈“无须奖励、没有惩罚”的教育下长大，非常顺利地度过了学龄前的阶段。然而进入小学后，铺天盖地的小红花、小贴纸，各种评比纷拥而至。阳阳也曾一度为获得奖励而着迷，也会为积攒贴纸换到的奖品欢欣鼓舞，为没有得到小红花而伤心难过。

看到无条件养育和传统教育方式的冲撞，微微辣也有过担忧和疑惑，但她始终坚定地践行着自己心中的教育之道。阳阳升入二年级之后的某一天，他告诉妈妈：“我把得到的贴纸送给其他同学了。”妈妈有些吃惊：“是吗？你不是很希望能用贴纸去换那个最大的奖品吗？”阳阳回答：“是的，我很想要那个奖品，但就算我得不到，我也有妈妈的爱。而有些同学，如果没有奖品，可能就真的什么都没有了。”

听到孩子的回答，我不由得湿了眼眶。这就是在无条件的爱之下成长的孩子，他们内心有着满满的爱，有着对自己的确信，他们不需要靠外界的评判来确定自己的价值，而这一切，都来自妈妈一直以来对他的爱和接纳。

北京的豆妈Aery也曾提起和儿子豆豆的一次对话：

豆豆放学回来，开心地说：“妈妈，我的小星星得了前十名！”

妈妈亲亲他：“你一定很开心。”

豆豆：“是啊，我表现得很好。”

妈妈有点担心孩子会为了小星星而刻意表现，于是说：“宝贝，你得了这么多小星星，妈妈很开心。我希望你也是开心地得小星星，不要为了得星星太累了。”

豆豆：“妈妈，我没有为了得星星而好好表现，我本来就这么好。”

是啊，孩子本来就是这么美好。这些在爱里成长的孩子，都有一个共性，他们有着坚定的自我，有着坚实的自信心和安全感。他们相信自己是值得被爱而有价值的，不会轻易受到外界的左右和干扰。当孩子确信在妈妈这里可以获得满满的爱，就不会去外面索取爱。

叶儿的幼儿园是一个家庭园，那里没有评比，也没有排名，叶儿在那里度过了几年愉快的时光。后来幼儿园搬走了，叶儿也即将升入小学。为了能有直升的学籍，在多方考虑之后，我将他转入了小学附属的幼儿园。

刚一开学，孩子适应得挺好，倒是我有点跟不上节奏。幼儿园有“绩效考核”，每二十张贴纸换一面红旗，每二十面红旗换一个玩具。如果送孩子入园的时候我主动和老师微笑打招呼，就给我的孩子奖励贴纸。每天晚上八点，家长群里就会发图打卡，让孩子捧着吃完的饭碗拍照，以证明孩子“光盘”了，第二天就可以得到贴纸。如果孩子在家做家务，或者帮爸爸妈妈捶背，只要有录像，也可以换取贴纸。当然，如果表现不好，就会被扣除贴纸，在墙边站一会儿。

看到这样的制度我不由得有些眩晕，为什么我和老师打招呼要奖给我的孩子贴纸呢？为什么孩子帮我做了什么事情，我必须要赶紧拍下来呢？然而，与其抱怨环境，不如去积极沟通，创造我想要的环境。于是我和老师交流了一下，表达了对学校规则的尊重，同时告诉老师平时孩子在家时我不使用手机，所以可能拍不到照片或录像。原本我有些担心老师会要求我必须遵守学校规则，但当我真诚地敞开、带着尊重去内外一致地表达时，我发现其实老师很好沟通，也很认可在陪伴孩子的时候不使用手机，这让我长长地舒了一口气。

学校这边不做硬性要求了，可孩子会不会很在意呢？上面举的两个例子，可都是别人家的孩子，换成叶儿，谁知道他会怎样。于是我小心翼翼地观察着叶儿的状态，发现他虽然也很喜欢得到贴纸，但似乎并不是那么看重，如果能得到会很开心，如果没有，貌似也并不在意。叶儿的行为规范较好，获得贴纸对于他来说并不是一件困难的事情，每周的奖励榜上他也总排在前列。可是在兴致勃勃地换了几个月的玩具之后，我发现他就没那么大劲头了，经常不记得换玩具，或者换回来玩一阵子就丢在了一边，有时还会把换回来的玩具给弟弟。他会遵守学校的行为规范，但也并不为奖惩所累。

有时候我们看到孩子因为得到奖励而开心，因为受到批评而难过，就会担心他是不是被“有条件”对待了。我们都知道，奖励会侵蚀孩子的内在动机，惩罚会让孩子的自我价值受挫，于是在无法规避学校的奖惩时，我们就会焦虑、担忧，甚至灰心，觉得自己的坚持毫无意义。

其实，每个人都会在成功时感到高兴，在失败时感到失望，这并没有什么不妥。但是有着良好自我评价的人，他们的价值感并不会因为这些外在的奖惩而有所起伏。他们受到表扬时不会自我膨胀，自觉高人一等；在遭到批评时也不会绝望抑郁，自觉一文不值。

小红花和排名次不是那么可怕的事，如果孩子因为得到奖励而开心，那我们就和他一起去感受那份开心；如果孩子因为受到批评而难过，我们就去倾听、陪伴，和他一起走出低谷，并在必要的时候提供一些帮助。

微微辣说：“如果你坚信一种教育方式是最好的，就自己把它做到最好。活出这种教育方式的精髓和神韵，那就是你能给孩子最好的教育。如果你认为无条件的爱是最好的，那么就活出无条件的爱来。不要指望其他任何人能做到。唯一能要求，唯一能改变的，是我们自己。如果你能积极主动地去和老师或家人沟通并得到支持，那是最好。但如果不能，就允许真实呈现。无须向任何人推荐，活出无条件的爱就是最好的推荐。”

是的，与其担心社会伤害孩子，恨不得给他加个保护罩，倒不如做好自己，带动周围，让自己成为优良环境的一部分。无条件的爱、尊重和信任，是给孩子注射的面对现实的疫苗。孩子对爱有抱持，即便将来遇到严酷的社会现实，他也会积极创造充满爱的环境，而不是被动地去适应。

小巫老师说：“当孩子天性与所处环境产生矛盾的时候，父母对待孩子的态度举足轻重。我们是孩子的底线和靠山。无论孩子受到怎样的挫折和磨难，只要我们的怀抱是温暖的，他就能够积攒足够的勇气同命运抗争。相反，如果孩子从我们这里得到的是冷漠、拒绝和斥责，他就会丧失生活的信念。如果父母不伤害孩子，社会就很难伤害孩子。一个自信心和安全感充足的孩子，一个有爱心、有毅力、思维敏锐、创造力丰富的孩子，能够坦然应付任何严峻的生活状态，能够在重压之下不折不弯。”

不论外界怎样，只要妈妈的爱是扎实而坚定的，孩子就会获得稳固的自信心。一个真正快乐的孩子，一定是信心十足的孩子，他是不会轻易被别人的否定伤害的。因为他对自己的认知不是建立在外部评价上，而是在内心深处确信自己存在的价值。这样的孩子，不管到了学校，还是进入社会，都不需要担心。

武志红说：“无论孩子的生存环境如何艰难，只要有一个人给孩子高品质的爱，孩子就会从这份爱中吸取养分，健康成长。”你可以成为孩子的这个人。相信孩子的趋光性，因为爱就是心底的那一束光。

所有的方法都是帮助我们找到爱

不知道大家是否发现，有一些父母，他们没有学习过什么育儿知识，也不知道那么多方法和技巧，但是他们对孩子所表现出来的那份爱，是那么天然，那么不着痕迹。

我曾经看到过一篇教师记录，记录里的故事深深地打动了我。做记录的这位老师在一所贫困山区的小学支教，带那里的孩子一起做手工、绘画、游戏等等。这位老师的课是每天下午放学之后半小时开始，来上课的是自愿报名参加的四五年级的学生。课程开办一段时间之后，这位老师发现，有一个名叫小石的男孩，每次上课都会迟到十分钟。

老师觉得很奇怪，这个课程是自愿参加的，如果不喜欢可以不来。为什么这个孩子报了名却总是迟到呢？带着这个疑问，老师在每次上课之前都会站在走廊上观察小石的活动，想看看放学之后小石在干什么。

他发现，放学后小石在一年级的教室外面走来走去，一会儿在墙上蹭蹭，一会儿在窗户上抠抠，显得有些焦急。大概二十分钟之后，教室里面会出来一个小女孩。小石一把拉起这个小女孩就往学校外面跑，二十分钟之后他会回来。也就是说，当小石和小女孩离开学校的时候，离手工课开始只有十分钟了，而小石会离开二十分钟，所以他每次都要迟到十分钟。

老师发现了这个现象，并没有直接去问孩子，而是去向其他老师了解情况。他得知，这个小女孩是小石的妹妹，每天放学后，小石要先把妹妹送回家，才能赶回来上手工课，而从学校到小石家往返需要二十分钟。

可老师还是有疑惑，放学之后有半个小时，为什么不一放学就把妹妹送回家呢？通过进一步走访，老师了解到，小石家没有电，他居住的地方采光不好，妹妹回家后写作业不方便，所以小石要先等妹妹在学校把作业完成，才能送她回家。

了解这些情况之后，这位老师在下一次的课上对小石表达了肯定和欣赏。他说："我知道你每次都要先把妹妹送回家，才能来上课，所以会迟到。但即便如此，你还是坚持来上课，每次我看到你来都会觉得很开心。"

小石听了以后，低着头，脸涨得通红，小声说："老师，明天我还是会迟到的。"老师说："没关系，我先复习上节课的内容，等你来了之后，我再分组做练习。”

但是第二天，小石没有迟到。后面连续好多天，他都没有迟到。老师觉得很吃惊，就去问他：“我发现你最近一直很准时，我很好奇，你是怎么做到的呢？”小石听了很开心，把脸扬得高高的，笑着说：“我告诉妈妈，我很喜欢这门课，我再也不想迟到了。于是妈妈把我和妹妹叫过来，我们一起想了一个办法。放学之后，我会先把妹妹送到离学校最近的同学家做作业，等我下课后，再去接她回家。”

当复述这个故事的时候，我仿佛看到了小石脸上灿烂的笑容。很多时候，当孩子的行为不符合我们的期待和标准时，我们就会认为是孩子有错，急着要纠正，希望他能尽快改变，变成符合我们要求的好孩子。而我们先入为主的判断，会迷惑大脑，遮蔽双眼，看不见孩子行为背后的原因。

是关注孩子的行为问题，还是关注行为背后的原因，会决定我们采用不同的思路和做法。当孩子的行为不符合我们的期待时，我们也许可以问问自己：“这个孩子遇到了什么困难？我应该如何帮助他？”而不是考虑：“我要怎样做才能让他表现好？”

这个故事真正打动我的，并不是他们最后用了一个完美的方法解决了问题，满足了各方的需求。而是故事里面的所有人并没有学习过什么高深的育儿方法和技巧，他们身上散发出来的浓浓的爱，深深地触动了我。

当老师发现一个孩子每次上课都迟到的时候，他并没有像我们认为的那样去批评、惩罚或要求孩子，而是深信孩子的行为背后一定有不为人知的原因，他愿意带着好奇去探究这个原因并给予帮助。这是一个老师对于自己学生的爱与职守。而小石，他在走廊上焦急地等待妹妹，却从不催促，更不推托，这是一个哥哥对妹妹的爱与责任。同样，当小石对妈妈说他再也不想迟到的时候，妈妈并没有指责他不懂事、不知道体恤家庭，而是把儿子和女儿叫到一起，共同来想解决办法。一个妈妈，在艰难的生活环境里，依然给了两个孩子充分的爱与关怀。而最小的妹妹，她宁愿去同学家做作业，也不希望哥哥上课再迟到，这是一个妹妹对哥哥的爱与支持。

这才是真正打动我的地方：所有的一切，都是出自爱。我们为什么想要学习育儿的理念，我们为什么想要改变沟通的方式，都是因为我们想要表达爱，我们想要成为爱。因为爱，是一切的基础。

然而现在的父母们似乎陷入了一个怪圈，到处学习各种方法和技巧，只要看到孩子进套了，就开始按图索骥，见招拆招。可是孩子压根就不会按照书上写的那样出招，这时候父母们就傻眼了，心想这熊孩子怎么不按常理出牌啊，于是就不知道接下来该怎么办了。经常如此，挫败感就会越来越强，总是担心自己是不是倾听失败啊，是不是又发错“我信息”了啊，孩子说了这一句，我下一句要怎么接啊。

很多妈妈热衷于学习各种育儿知识，但越学习就越焦虑：“呀，这里我又做错了。啊，那个关键期我又没抓住。”其实这样是错把方法当成了目的。我们学习各种方法和理论，是为了获得和孩子之间良好的亲子关系，而不是为了把所有的技巧都使用正确。

如果你要成为一个正确的妈妈，你会想方设法消灭所有的错误，而这些“错误”就会被投射到孩子身上。于是你就会想要去纠正，想要去改变。一旦你只为追求正确，就只能看见方法和技巧，看不见真正的孩子。技巧总有用完的一天，到最后你会无奈地发现，你的育儿方法越“正确”，亲子关系越糟糕。

孩子感受的是父母的内在状态。孩子不需要一个完美的父母，他需要的是真实。当我们去协助孩子解决问题的时候，我们的注意力应该放在孩子身上，去倾听他的感受，去看看他遇到了什么困难。可现在我们的注意力都在自己身上，总是会担心我这样做符不符合无条件养育啊？够不够一个好妈妈的标准啊？我接下来的话要怎么说啊？

这些担心都反映了我们内心的恐惧。当恐惧和担心占满了我们的内心时，我们就看不见眼前的孩子了，我们只是为了把技巧用对，只是为了维持自己好妈妈的形象。然而在对孩子的养育中，与孩子建立起良好的关系比采用所谓的“正确”技巧更为重要。

当我们倾听孩子的时候，就全心全意与孩子感同身受，而不是心猿意马地想：我要怎么说，孩子才能不哭？当我们发送“我信息”的时候，就一心一意与自己在一起，而不必担心：我表达之后，孩子不同意怎么办？

不用担心后面会怎样，只要在那个当下，做你能做到的最好选择，尽最大能力内外一致地去真诚表达，不指责，不评判。每一个人的需求都值得被尊重、被满足，但不一定所有的需求都能同时得到满足。当你无法满足的时候，无论是调整接受，还是表达拒绝，你的出发点、你的态度、你的心，始终是最关键的。

成为父母后，我们急切地发现自己需要学习和成长，但我们不是去学习所有的理论方法和技巧，而是学习如何去爱。所有的育儿理念和方法，都是来帮助我们思考的，而不是捆绑、束缚我们的。技巧和方法带不来爱。只有心中有爱，才能通过恰当的方法表现出来。我们学习的所有理论和方法，都是为了帮助我们找回自己内心深处的爱。

很多时候，我们总想着要掌握多少知识，运用多少技巧，学习多少理论来武装自己的头脑。但其实养孩子，走心远远胜于用脑。沟通，是心灵与心灵的拥抱，不需要那么多“理论”和“知识”，只需要完全地敞开和接纳。就是生活中这样一点一滴的细节，滋养着我们，用心去感受，让我们内在丰盈，获得那一份宁静和快乐。

认出生活中点点滴滴的爱

“生命就像，一条大河；时而宁静，时而疯狂。现实就像，一把枷锁；把我捆住，无法挣脱……”有时候我们迷失在忙碌的生活里，被驱赶、被裹挟，莫名地觉得疲惫、焦躁，了无生趣，甚至连最基本的喜怒哀乐都已无存。

几年前，我也曾经历过这样一段灰暗的日子。在那段时间里，我每天像机器人一样麻木地运转着，找不到自己存在的意义，不知道有什么坚持下去的理由，甚至觉得生无可恋。可是即便在那样艰难的日子里，依然有丝丝缕缕的爱，点点滴滴，慢慢凝结成灰暗日子里璀璨的珍珠，持续地发光，温暖我、照亮我。

故事一

我家小区旁边有一个工地，门口的简易工棚里住着一个五六十岁的大妈，每天她会来我们小区捡些废旧纸盒和塑料水瓶。我家快递比较多，于是我就把纸盒、空矿泉水瓶收集起来，攒多了就拿下楼给她。次数多了，有时候也会和她聊几句。

前几天，因为遇到一些事情，心情很不好。但放眼望去，没有脆弱的资本。于是只好把盔甲再扎得严实些，让自己铜墙铁壁，刀枪不入。早上，心情无比烦闷地出门，走到楼下，遇见大妈在路边拐角处站着。看到我来了，她嘴里嗫嚅着什么，似乎又不敢上前。

想起自己确实有些天没拿纸盒给她了，她可能是想来询问，于是我面无表情地说："阿姨，最近家里没有什么闲置的东西，如果有的话我会拿给你的。"

大妈搓了搓手，说："不是的，大妹子。你总拿东西给我，我都不知道怎么谢你。这几天改了些衣服，拿边角料照着你儿子的样子，缝了个娃娃，给你家孩子拿去玩吧。我们乡下人，不会别的，你别嫌弃。"

她把娃娃塞进我手里，转身走远了。我怔怔地立在原地，很不争气地哭了起来。寒风凛冽的阴雨天，就这样站在路边，任眼泪恣意奔涌。心中什么地方狠狠地疼了一下，盔甲松动，柔软蔓延。

故事二

一次工作坊，一对夫妻一起来上课。俩人一直在闹别扭，互相指责、抱怨。丈夫觉得为妻子牺牲了太多，太累，却得不到理解。妻子受到指责后，冷战、回避，不愿交流。

课程进行到最后一天，当我们决定去坦诚地一致性沟通的时候，当我们决定去表达爱而不是恐惧的时候，练习中这对夫妻面对面站着。

男人声音颤抖着说："我指责你、挑剔你，是希望得到你的认可！我害怕你会离开我！"

女人用手抚了抚丈夫的脸，说："我不会离开你，当初选定了你，就是你了。"

男人："我愿意放弃我之前所有的坚持，重要的是你还在我身边。"

女人："我从来不知道你的害怕，不知道你的坚持。希望你以后能告诉我，我会一直陪着你。"

看到这一幕，我再也无法控制，蹲在地上哭得不能自已，其他学员也纷纷抹泪。心底的柔软再次被触到，原来痛快地哭一场，也是疗愈。

故事三

之前在老厂工作时，曾经收养过一只还在吃奶的小土狗，用奶瓶一点点喂它长大，养在厂里好几年。有一次我进城办事，忽然接到电话，说它被车撞了。

心急火燎地赶到时，它正躺在院子里，在它以前经常打盹的地方。我喊着它的名字，它挣扎着抬起头来，想舔舔我的手，但实在没有力气，头又垂了下去。旁人告诉我，它是用两条前腿，从镇上一点一点爬回厂里的。

以前我总说它爪子脏，它就会舔舔再来和我握手。那天它的爪子上全是泥，我不知道它爬了多远。摸了摸它爪子的肉垫，很凉。我知道它不行了，心疼地说："怎么这么冰啊？"这时，它忽然用了最大的力气，舔了舔爪子，放进我的手里。我再也无法抑制，眼泪滚滚而下。

那天我一直陪着它，送它离去。为它医治的姑娘对我说："其实狗狗不怕死，怕的是不能陪你，也怕你不再爱它。"

内心被狠狠地戳了一下，一些前尘往事翻涌而起，大恸！

后来又过去了很多年，我离开了老厂，也慢慢淡忘了这件事。有一天，我带叶新在楼下玩沙子，被扬起的沙子迷了眼，疼得蹲在地上直流泪。三岁的叶新看见了，连忙跑过来，使劲把手上的沙子搓掉，把手放在我脸上，说："我手不脏，摸摸你，不要哭了。"

那一刻，仿佛时光交错重叠。原来，我一直都被这样深深地爱着。

故事四

有一个学员长期备受婆媳关系的困扰。和婆婆同住的十年，用她的语言形容是"小区上方经常回荡着我们家的哀号声"。在课程快要结束，我们彼此表达感谢的时候，她忽然意识到，这十年里她从来没有下过厨房，一直都是婆婆在为全家准备饭菜，并帮她收拾家务，而她从来没有为此对婆婆表达过感谢。

当天晚上回到家，一进门就看到婆婆系着围裙在厨房里忙碌的身影。她走到婆婆身后，双手环住婆婆的腰，说："妈，这么多年一直是你在照顾我们，帮我们做这做那，都没有好好休息过。其实这本来不是你的义务，是因为你爱我们，才任劳任怨。而我还总像一个小孩子一样，冲你发脾气。妈，真是谢谢你！”

原本以为婆婆会丢掉锅铲大哭，或者又开始诉说自己这些年的不易，谁知婆婆继续平静地炒着菜，轻轻拍了拍她的手说：“傻孩子，我一直都在等你真正长大啊。”

故事五

一位学员来参加工作坊，第一天分享时说起丈夫的不支持，很是伤心。丈夫认为她来参加学习是加入了什么传销组织，被洗脑了，所以一直很反对。

三天工作坊结束后，这位学员很疑惑地问我：“老师，咱们工作坊是自带能量场吗？我这几天回去也没对老公使用你教的方法，我忙着复习预习都没怎么和他说话，可为什么他整个人好像都变了呢？晚上我回到家，他已经准备好了饭菜，还提醒我第二天上课别迟到。究竟发生了什么？难道是我带回去什么能量，感染到他了吗？”

我当然不知道原因，只能微笑着表示我也不太清楚。后来过了一段时间，这位学员又找到我说，她终于明白了为什么丈夫会忽然发生那么大的变化。

原来在她第一天课程结束后，丈夫趁她不注意翻看了她的学员手册，因为担心她真的加入了什么传销组织，想要看看她一整天都在学什么。在课程开始时，我曾经带她们做了一个练习：写下现在最困扰你的、你最想解决的问题，并为自己的学习设定一个目标，希望通过学习达到一个什么效果。

这位学员的孩子年龄还很小，所以她写的都是想改善和丈夫的沟通问题，而她设定的目标是：希望有良好的夫妻关系，希望有和谐的家庭氛围，等到年老后，孩子离开家了，可以和丈夫一起携手游遍世界各地。而这一切，都被丈夫看到了。丈夫虽然嘴上没说什么，但内心的触动可想而知。

人不会因为指责而改变，我们愿意改变，是因为爱。

故事六

有一位学员一直以来跟父亲的感情都很疏离，印象中父亲总是板着脸，经常对她指责挑剔。在课程进行到第二天的时候，这位学员鼓起勇气给爸爸发了条信息："爸爸，妈妈走得早，一直都是你带着我和弟弟长大，供我们读书，看我们成家，为我们付出了很多，我们都知道，却从来没有向你表达过。我只想说，我和弟弟都为有你这样的爸爸而感到自豪。”

爸爸很久都没有回复。到了下午快下课的时候，信息来了：“我为你们付出这么多……我乐意，你管得着吗！”

我们都笑了，那位学员也笑了，笑着笑着却忍不住流下泪来。她说她熟悉爸爸的说话习惯，能这样说，一定是内心受到了很大的震动。过了一会儿，她家人打电话过来：“你都跟你爸说什么了？他一直在哭，现在换上了你上次给他买的衣服，还说晚上要做饭菜给你们姐弟吃，叫你们晚上都回来。”

一句深藏已久的问候，换得从未有过的深情。

故事七

有一次，我高烧四十度，还是要照顾两个娃，身体难受到极点，内心也疲惫不堪。实在扛不住了，翻出退烧药来吃。两岁的叶新忽然走进来，看了看我，问：“你在吃什么？”

我：“吃药呢。”

叶新：“苦吗？”

我点点头。

叶新嗖地跑了出去，过了一会儿拿了两颗糖进来递给我：

“给你我的糖，吃了就不苦了。”

晚上临睡前，我和叶儿躺在被子里聊天。叶儿说：“妈妈，过完年我就五岁了。”

我：“是呀，你长大了。”

叶儿：“我长大了，你和爸爸是不是就老了？老了就会死吧？”

我心里咯噔一下，想着终于到了要谈论死亡的年龄了。正想着要怎么接话，叶儿又说：“不过没关系，我知道要怎么办。我们一直在一起，互相照顾，互相喜欢，就不会变老了。”

我愣了一下，说：“互相照顾，互相喜欢，就不会变老了？”

叶儿说：“是呀，现在你们照顾我，等我长大了，就来照顾你们，你们就不会变老了，会一直像现在这样。”

我无言，动容。我们彼此陪伴，彼此相爱，即便年华老去，灵魂依旧隽永。

原来，生活除了功利、爱、恨，还有细节。这些曾经的爱与温柔，也许只是一个淡淡的印迹，但它深藏在我们心底最柔软的地方，裹在层层的重负之下。它与生命同在，一旦被触动，便潮水般涌来，浸润你、柔软你、感动你。在现在，在未来，在流水一般来了去了的日子里，温暖着拥抱着每一个灵魂。

这七个故事，都不是什么惊天动地的大事。它们很小，小到太容易被我们日常的砥砺、粗糙所掩盖、忽略。然而这些故事饱含的浓浓的爱，恰恰是灰暗日子里照亮我们的烛火，滋养我们的源泉。只是，我们能不能认出生活中这点点滴滴的爱呢?

05

父母的自我成长

不做被育儿理论逼死的父母

要求自己无条件，就是最大的条件

很多妈妈会发现，自从有了孩子，生活似乎就不是自己的了。随便哪个亲戚长辈，七大姑八大姨，甚至街坊邻居，都可以对我们带孩子的方式指手画脚、评头论足。我们经常会听到：“不就是个孩子吗，有什么难的？”“不就是这点儿事吗，你应该……”“老一辈不都是这么过来的，怎么就你名堂多，矫情！”似乎所有语言都在暗示，养孩子是一件很容易的事，如果你觉得累，那是因为你做得不够好。

不知道大家有没有听过这样的论调：“孩子的错都是父母的错。”“没有教不好的孩子，只有不会教的父母。”“父母是原件，孩子是影印件，如果想修改影印件，就要先修改原件。”…… 这一系列言论的出发点是好的，也并不是毫无道理，但这样的宣讲，无形之中给父母带来了巨大的压力，似乎只要孩子有哪一点表现不好，就会被钉在坏父母的耻辱柱上，无脸见人。

然而，如果把父母也看成是一种职业，相比其他职业，养育一个孩子，真的算是世界上最困难的工作了。一个吱哇乱叫的小家伙就这么突然出现，不附带任何说明书，最常见的运行程序就是哭，怎么能不让新手爸妈们手忙脚乱呢？好在现在网络发达，资讯丰富，可以到处查找资料，四处求助。于是各种专家说、理论说、书上说、长辈说如狂轰滥炸一般，让人无所适从。

我有一个朋友，她的女儿比较安静内敛，情感很丰富，同时也很敏感。朋友看到孩子的行为，总觉得和自己想象中的不一样，于是就去对照那些育儿书籍，想看看孩子究竟有什么问题。在比对了一条条数据资料之后，她得出了一个结论，孩子安全感不足。于是整天忧心忡忡：这孩子到底有什么心理阴影？是我造成的吗？根据“三岁看大、七岁看老”的理论，我已经耽误她一生了吗？

同样，也有不少妈妈向我咨询：“喂奶真的那么影响安全感吗？我只喂了几个月怎么办？”“我曾经用哭声免疫法，把孩子关进黑屋子。这可怎么办？有什么办法能弥补吗？”“我在孩子三岁之前离开过他一段日子，结果他现在真的很缺乏安全感。我后悔死了，该怎么办？”在一些有关哺乳和断奶、哄睡和分床、工作和家庭的微博下，可以看到为数众多的妈妈在自责、担忧、纠结、恐慌。

我们往往对父母不太宽容，尤其随着新育儿理念的发展，人们越来越认识到家庭教育对孩子的重要性，于是各种言论和理念开始偏向于对父母“高标准”“严要求”。在现在这个社会，孩子一旦出现某些“不良”行为，父母总是受到责备的那一方。

叶儿快三岁时，我开始为他选择幼儿园。我曾经跟随一个家长团参观一所幼儿园，园长全程都在言之凿凿地宣讲：“如果父母这样，孩子就会怎样；如果父母那样，孩子就会受到什么样的伤害，就无法完成对自我的构建，就会人格缺失……”听着她慷慨激昂的话语，再看看周围妈妈们头点得像鸡啄米一样，小心翼翼地请教自己哪里做错了，以后就拜托老师，给老师添麻烦了……我忽然有一种错觉，是不是父母双亡对孩子是最好的？这样就可以从根本上完全避免父母给孩子带来的不良影响，孩子也不再会受到父母不当言行的伤害，幼儿园就可以获得一个纯洁无瑕的孩子了。

将孩子的所有问题都归结于父母，是一种简单、粗暴、不负责任的逻辑。且不说孩子天生自带的精神内核决定了他不会是一张白纸，任人涂抹。只要整体给孩子的爱充足，即便父母的某些行为对孩子造成了一些影响，我也不觉得是一项无法挽回、不可饶恕的罪过。我们来这世上一遭，有自己需要成长的功课。同样，孩子也有他们自己的功课。希望自己成为一个完美的妈妈，对孩子只有滋养没有伤害，似乎这样就可以成就孩子幸福快乐的一生，这种想法其实是一种自恋。

如果我不逼着孩子学习，他就考不上好中学，就进不了好大学，就找不到好工作，就娶不到好媳妇，就过不上好人生。这样的逻辑大家都能看出问题。可是现在很多妈妈担心的却是：如果我不能无条件对待孩子，孩子就不自由了；如果我不能控制情绪，孩子就有心理阴影了；如果我不能满足孩子的需求，就阻碍孩子发展，孩子就不幸福了。这两种逻辑难道不是一样的吗？

这果然是“神”逻辑。可父母是人，不是神。是人就会犯错，就有局限性。有时候我们会自责：“这种低级错误就不应该犯啊！”可是我们回过头去想一想，哪种错误是“应该”犯的呢？你会发现，所有错误都是不该犯的，所以你是在要求自己永远正确。

为人父母，其实是我们和孩子彼此陪伴、共同成长，而不是让自己成为完美的化身，时时刻刻保持正确。李雪说：“父母无须完美，但需真实。好妈妈不是超能也无须完美，只是有意愿去看见和跟随当下真实的孩子，孩子自然会闪耀着幸福扎实的存在感。”

这世上没有什么是“必须”要怎样的，一旦陷入“必须”的执念里，我们就会给自己设立很多标准和规条。如果达不到，就会因为担心自己伤害了孩子而焦虑不安，或者因为自己没有做到而后悔自责。如果父母总是陷在这样的情绪里，那么即便是一直陪伴在孩子身边，孩子也感受不到平静和安宁。对待孩子的方式很重要，然而更重要的是，你能否坦然地面对自己的内心，看见眼前真实的孩子，而不是活在自己的头脑中。

父母一定要给孩子无条件的爱，这几乎已经成为一种共识。然而无条件的爱是一种状态，它是父母内在丰盈、自然而然流淌出来的。无条件的爱无法要求，要求自己随时随地对孩子“无条件”，已经是一个最大的条件了。我们总是说，爱孩子，如其所是。那么我们对待自己，是否也能如己所是呢？我们能不能接受自己有时候就是做不到呢？

成为一个内心强大的人，大概是每个父母的愿望。然而内心强大，不是指我们把所有事情都做正确、做完美，而是能够接受自己的局限，承认自己也有脆弱与不足，接受自己可以是不完美的父母。生而为人，我们可以尊重，甚至宽容自己作为人必定会有的局限，温柔地对待自己，而不是挥起鞭子鞭挞。

内省不疚

内省，是一种很好的品质。内疚，是对自己使用暴力。内省，是看到：哦，原来我是这样的。而内疚，是自责：我怎么可以这样呢？内省的首要步骤是自我观察，看到自己的旧有模式，你才能有新的选择。在这个过程中要注意只观察，不评判。

亲爱的妈妈们，你们当初所做出的选择，都是当时的你们所能做出的最好选择。不是因为你们做得不够好，而是因为当初的你们没有获得足够的资源。可能你会后悔：我为什么不坚持一下呢？但在那个时候，你是真的没有办法了，否则你一定会坚持的。可能你会自责：我为什么没有做好一点呢？可是在那个时候，你已经做到你所能做到的最好了。你尽了自己的最大能力给了孩子爱和关照，所以请不要自责、内疚、后悔。

不是所有的打击都会造成伤害，不是所有的伤害都会形成伤痕，不是所有的伤痕都会伴随我们一生。即便是有可能伴随一生的伤痕，也会随着我们的成长而淡化，最后成为一个成长的记号。我们哪个人不是带着许多伤痕成长的呢？这并不影响我们拥有幸福。

如果哪位专家、哪篇文章宣讲的育儿理念，是用威胁、恐吓的方式，让你看了之后觉得焦虑、惊慌、恐惧、后悔，那么这种宣讲方式本身就是有违“无条件养育”的。我们可能会有失误，但失误不是罪行。不必给自己贴上负面的标签，也不必自责甚至有罪恶感。可以改变的是你的行为，而不是去谴责你自己。指责自己过去“应该”怎样并没有建设性意义，重要的是你现在怎样以及你想去往何方。

请关照自己的内心，无须苛责自己。无论是生活还是养育，都是在做无数个选择。我们无法将已经做出的选择重来，但我们可以在下一次选择中做得更好。我始终觉得，人生是一个逐渐强大的过程，而不是一个改错的过程。所以我们可以看看，自己有哪些做得好的地方，哪些地方还可以更好，然后朝着那个方向去努力。

我们自己选择，自己承担选择所带来的好与不好。不必痛苦，无须纠结。正如微微辣所说：“不用去为已经发生的事情后悔，也不用去羡慕别人。那些曾经让我们左右为难、痛苦不已的事情，都会变成我们生命的财富和养料。那些曾经的错误，也都会由锋利伤人的硬石头，变成闪亮的钻石和黄金。”

请相信每一个生命都有内在成长的动力和自我完善的能力，放下困扰我们的种种焦虑，把注意力放在建设性的成长和改进上，而不是在对自己的否定和内疚中消耗自己。成为父母后，我们忽然发现好像有那么多的东西要去学习，但我们不是去学习所有的理论方法和技巧，而是学习如何去爱。而爱，永远都是充满希望的。

我们不断学习、实践、成长的目的，不仅是为了孩子，而且是为了成为更好的自己。努力做最好的自己，就是对孩子最好的引领和教育。我们不知道孩子将来会遇上什么样的人，发生什么样的事，过上什么样的生活，但是我们在日常生活中所表现出来的自尊、自律、自爱，在对待他人时善良正直，在艰难困苦时不轻言放弃，在面对人生时谦逊豁达，以及发自内心的乐观向上，这些都会成为滋养孩子一生的源泉。

孩子选择了你，就是为了引领你成为他最好的父母。

你是世上最好的妈妈

因为工作的关系，我会接触到很多单亲父母，通常是单亲妈妈，她们往往都有很深的自责和内疚。因为太多文章在宣讲，父母之间彼此相爱，是给孩子最好的礼物；父亲的缺失会对孩子有怎样坏的影响等等。这些单亲妈妈，除了要面临独自抚育孩子的各种艰辛之外，还要面对来自社会、他人，以及自身的压力。她们有时甚至会怨恨自己，觉得当初就不应该生养孩子。

但是从来没有人怀疑过这些“绝对正确”的理论的公平性。那是一种不给人活路的说法，似乎一个人如果婚姻不幸，那她作为妈妈，也永远失去了幸福的资格。因为她不能给孩子一个完整的家，所以就只能自认罪人，永远活在自责中。

身为单亲妈妈，很可能会被别人指指点点，除了要面对一个不少的养育挑战之外，还要面对很多人的偏见。如果一个双亲家庭的孩子表现出了不良行为，我们会说这个家庭的教育方法有问题；但如果一个单亲家庭的孩子表现出了不良行为，我们就会归因于他来自单亲家庭。这是非常不公平的，是一种歧视。因为当我们检视“家庭教育”的时候，我们是在谈论“方法”；而当我们归因于“单亲家庭”的时候，我们是在评判一种“身份”。方法是可以学习改进的，可是单亲家庭作为一种身份，似乎它的存在就是一种罪过。

我们的文化经常过度夸大“母职”，一个为了孩子牺牲一切的母亲是伟大的、被歌颂的。然而一个女性在“母亲”这个身份之前，首先是一个“人”。她们需要的是帮助，是关怀，而不是指责，更不是站在制高点上的道德碾压。

我始终相信罗素所说的话：人间参差百态，皆是幸福之源。单亲家庭并不是破碎的家庭，只是不同的家庭，而这些不同都是正常的，并不比任何家庭低一等，也不应受到歧视或指责。单亲家庭一样有尊严和幸福。离婚带给我们的功课，不仅仅是如何面对孩子，更是如何放过自己。

无论是去学习如何沟通、如何爱、如何面对分歧以改善和伴侣之间的关系，还是确实看到一段关系真的已经不适合自己，于是拿出力量，带着祝福和感激，负责任、无伤害地结束一段亲密关系，勇敢地面对未知，这两种都是成长，没有好坏高低之分。每一对离婚的夫妻，也许都曾经做过很多努力，想要挽回；但也不得不承认，有一些事情是无论如何努力，都挽回不了的。如果真的已经“物是人非”，那么鼓起莫大的勇气，承受分离之痛，理智、成熟地去承担自己应该担负起的责任，是对自己也是对曾经的爱人最高的尊重。

一些单亲妈妈在对待孩子的问题上，会使用“弥补”一词。她们会问：“如何做才能弥补孩子的缺失？”“弥补”这个词，多少透着些许遗憾之情或愧疚之意，似乎觉得自己单亲妈妈这个身份对孩子有所亏欠，一定要做出一些偿还，否则孩子若有任何缺失就都会归罪到自己头上。然而她们却忘了，对于孩子而言，他可能确实少了父亲的陪伴，但对于单亲妈妈而言，她们也少了伴侣的陪伴。此时的她们更需要照顾好自己，给自己多一些关怀和疼惜。

我们如果对“单亲妈妈”这个身份过度认同，就会担心孩子在单亲家庭长大肯定会缺失什么，一定会有心理阴影。于是各种悲情就会上演，甚至将孩子发生的一切都看成是单亲妈妈这个角色导致的。这是一种自我设限，不但会加深自己的痛苦，限制我们用灵活多样的视角去看待问题，而且会给孩子加强这方面的印象。所以当曾奇峰老师提出“独立抚育者”这个名词的时候，我顿时觉得耳目一新。我们不需要给自己贴上“单亲妈妈”的标签，我们只是独立抚养孩子而已。

不管你是因为什么样的原因必须独自抚养孩子，你已经承担了极大的挑战和艰辛，而你所表现出来的也已经是超乎寻常的勇气和毅力。你不需要弥补任何缺失，你只需要做你能做的，活出属于自己的精彩，追求自己的幸福。这就是对孩子最好的引领和教育，也会给孩子充足的爱和滋养。

离婚不代表孩子的爱一定会有缺失，我见过太多离婚的夫妻，依旧可以给孩子满满的爱。让孩子受伤的不是离婚本身，而是父母对待离婚的方式和态度。如果父母双方不去伤害、诋毁对方，而是在分开后依然能够互相尊重、彼此祝福，那么即便做不了好夫妻，也一样可以成为好父母。离婚仅代表婚姻关系的终止，但孩子依旧是父母双全的。如果独立抚育者可以保有自己的生活，懂得接纳和欣赏自己，有正面诠释人生、感知幸福的能力，一样能给孩子一个快乐的童年。

与离婚类似，承担着巨大心理压力的还有留守妈妈。有一些由于客观因素导致的异地夫妻，以及夫妻一方经常出差的家庭，也很容易遭受非议。在叶儿一岁多时，叶儿爸因为工作的原因需要常驻另一座城市，而我已经怀上叶新。在当时，无论是客观条件还是主观因素，都不允许他调换工作，或者我带着全家随行。

孩子能够得到父母双方的陪伴当然很重要，但我也从不认为在条件不成熟的情况下，强行要求夫妻一方做出牺牲来维持孩子的“完整感”就天经地义。虽然我确实会有担心，这样的生活状态是否会影响到孩子。然而，这就是我需要面对的现实，也是孩子需要面对的现实。当然不是没有影响，影响会一直在。可我也不确定，如果强迫自己放弃熟悉的生活环境和朋友圈子，去一个陌生的地方漂泊，或者一味要求叶儿爸改变他的想法回归家庭，这样引起的不满、委屈、指责和抱怨，对孩子的影响就一定比现在小。

所以，在权衡利弊做出选择之后，我接受现实，心无旁骛地去面对一个人带两个孩子的辛苦，用我最大的能力和心力，给予孩子们内心的坚定与平静。

在这段时间里，我们经历了搬家、家人住院护理、亲人离世、孩子转学，以及我必须外出工作等等一地鸡毛的生活。很多时候我都只能牵着一个，抱着一个，一项一项处理这些琐碎而繁多的事情，每次出门就像团伙出动一样。

不是不艰难，但这就是生活的本相，无须粉饰，也不必极端。生活的本来面目就是如此，有爱，有艰辛，有幸福，也有无能为力。对孩子最好的教育，不是为他打造完美无缺的生活环境，设计一条康庄大道；而是带他一起，在这不完满的人世间游历，看到这其中的美好和希望。

幸运的是，叶儿爸会经常回来探望孩子，在我需要外出时，他会帮我照顾孩子，我也经常送两个孩子去爸爸那边度假，孩子们和爸爸的感情非常好。我们执行着父母的功能，同时承担着各自的责任。

随着孩子年龄的增长，我会让他们知道，妈妈有自己的工作和生活。我不会捆绑自己必须每天陪在孩子身边，但这丝毫不会影响我对他们的爱。同时，他们也可以去体验自己的生活，从其他家人那里得到不同的爱。

每次外出讲课，课程结束的当天晚上，无论多晚我都会赶回家，因为第二天我要送孩子去学校，我希望他们早上醒来睁开眼睛时我就在旁边，给他们一个深深的吻。我不能放弃自己

的工作，我会用我的全部心力爱他们。

有一次课程结束后，由于飞机延误，航班落地时已是凌晨。我独自拖着沉重的行李箱走在夜色里，抬头看着满天星斗，忽然有了一种坚定和通透感。是的，我可能做不到像别的妈妈那样无微不至地呵护孩子，在孩子夜里醒来时陪在他们身边。我的孩子醒来，看到最多的画面是我在灯下看书、备课。有时我需要外出讲课，做不到每天都和他们在一起，但我在陪伴他们的时候，是全心全意的。我可能无法把全部的精力都放在孩子身上，我需要顾及全家的生活及我的工作。我的孩子们也会看到一个坚毅、果敢的母亲形象，无论遇到什么困难，都会积极地想办法去应对，无论有多么艰难的事情，都敢自己去扛。

这就是生活，是我们每个人的承担。如果能够承认并接受自己所面对的生活，尽自己的最大努力去追求幸福，用实际行动告诉孩子："我们现在的生活，是我们共同努力的最好生活。我们的家庭，并不比任何家庭低等。我们之间的爱，就是最好的爱。"孩子会感受到这一点，并从内心生发出坚定和幸福感。

就算因为某些原因，妈妈只能单独抚养孩子，也不代表孩子就必然受到伤害。孩子感受爱的标准不是必须“完整”，而是内心“充足”。给孩子充足的爱，孩子会在爱里温暖、健康地成长。

孩子是世界上最好的孩子，你也是世界上最好的妈妈。

由安慰引发的自我觉察

一位朋友来找我吐槽："唉，怀孕还真是辛苦呢，一点胃口都没有，啥也不想吃。"

我："怀孕早期是这样的呢，过了头三个月就会有好转的。"

朋友："荤腥一点都不想吃，闻着恶心，光吃素菜又觉得胃里寡淡得慌。好不容易想吃一点水果，书上又说是寒凉性质的，孕妇忌口。唉，你说这日子咋这么难熬呢！"

我："哪那么多忌口的啊，我怀孕的时候什么都吃，也没看有啥事啊，你看我和孩子不都好好的。"

朋友："前几天还有点小咳嗽，也不知道会不会影响到小孩。"

我："没事的，哪那么容易影响，小孩生命力强着呢。我怀孕时曾经全身起疹子，吓死我了，以为风疹病毒呢，后来还不是没事。"

朋友："老公也不体贴我，那天让他陪我去做个产检，他还不情愿请假。气得我问他，到底是我和孩子重要还是上班重要，哼！”

我：“男人还真是都一样哈。我怀两个孩子，我老公都没陪我产检过，每次都是我自己挺着大肚子排队、挂号、挤电梯、楼上楼下到处跑。我怀老二都八个多月了，还得每天开车去幼儿园接送老大。最后生孩子那天都是我自己开车去的医院。”

朋友：“你还真能折腾。我现在身子特别懒，动一下就喘不上气，天天就想窝在床上。”

我：“没办法啊，我不做没人做啊。我怀孕的时候还搬家呢，没电梯，提着大包小包爬五楼好几趟，谁叫老公不在家呢。你起码还有老公在身边啊。”

朋友：“唉！我老公在家也和没在家差不多，喊一声动一下，不喊就不动。真不知道这日子啥时候是个头！”

我正要继续开口说点什么，忽然一下觉察：我在干什么？我丢了多少块绊脚石了？纵观整个对话，看起来好像我一直在体贴地安慰朋友，其实我们都是在自说自话。她在发她的牢骚，而我的重心和关注点全都在自己身上。

一瞬间无比惭愧，脑袋里好像有个声音在说：“你还学倾听呢，都学哪去了？瞧这绊脚石扔的，咣咣的！”哎呀，这种惭愧的感觉太不好了，于是我把头脑里的另一个声音放了出来：“朋友在抱怨，我安慰她一下怎么了？看她心里那么乱，我安慰她让她舒心啊。”

接着再觉察，我干吗想安慰她？

因为想让她赶快好起来。

为什么想让她赶快好起来？

因为我自己觉得不舒服了。

我觉得不舒服了，内心被勾到了，于是我扑上去想安慰她。我太着急想干点什么，能有机会发挥作用，根本目的还是想让对方赶快接受我的想法，情绪赶快过去，问题得到解决。

这个场景似乎很常见。孩子哭了，我们安慰；丈夫生气了，我们安慰；朋友发牢骚，我们也安慰。但这其实也是一种不接纳。如果完全接纳，是不会想要去强行改变对方的。同时，这也是一种打断。当对方处在情绪中时，我们安慰她：“没事，没关系，过去就好了，你应该往好的方面想。”可是对方在那个当下，明明就是“有事”啊！

我们在从小到大的成长过程中，当我们“有事”的时候，可能得到的也是安慰、开解，让我们一切都往好的方面想。我们在这样的狂轰滥炸之下也许会觉得："是哦，大家都这么关心我，我要是还不快点好起来，那真是太不懂事，太不识好歹了！"

但是情绪呢？感受呢？被压回去了，没办法表达。如果感受总被压制，就会形成未完成事件，将来某一时刻被勾起时，当初的那份冲动就会蠢蠢欲动。于是我们就不舒服了。为了消除这个不舒服，我们开始使劲地安慰对方。但其实，这时候对方根本不需要我们的安慰、分析、建议，她只需要我们倾听她的遭遇，同理她的感受，而不是评判和指点。

所以，在我们不断地对孩子说"没事""没关系""别害怕""不管怎样妈妈都爱你"的时候，孩子内心的真实感受就被淹没了。我们没有看见孩子，我们只看见了自己，只顾着表达自己的"爱"。

想到这里，继续挖掘自己，我那么热切地想去安抚对方，究竟还有什么原因？

第一层，我觉察到自己的那一份自恋。你看我是过来人，我是能帮助你的。你刚怀孕，什么都不懂，让我来帮助你吧。这个时候，我的潜台词就是：你不懂，我比你强。

这一点在家庭教育中尤为常见。很多人想从事家庭教育工作，希望做咨询师、做讲师，可以给其他父母提供帮助。但我们必须时刻警醒，我们为什么想去帮助别人？究竟是对方真的需要我们的帮助，还是我们自己想要成为助人者？怀着要去帮助别人的念头去帮人，这是一件很危险的事情。

再继续深挖，我似乎在害怕。你来找我寻求帮助，如果没能帮到你，那是我的无能。于是我试图用各种方法来给你安慰、帮你疏导，我付出了这么多努力，你得赶快给我好起来，才能证明我的付出是有价值的。

继续往下挖，我忽然涌起一股深深的悲哀。最深的那一层内心想法被我撕开：我当初更辛苦啊，比你苦多了！你还这么矫情，我当初找谁说了啊？我也希望有人体贴我，我也希望有人来爱我啊！

看到这一层，我忽然感到一阵莫名的恐惧、绝望与深入骨髓的悲伤。从小到大一直在追寻、在渴望的那一份爱却不可得，这样的无助感，跟怀不怀孕、矫不矫情根本一点关系都没有。

不记得曾在哪本佛经中读到过，傲慢有七种，其中一种叫作“我慢”，是七种傲慢中的“根本慢”。我发现自己身上就特别能体现这种傲慢。究其原因，是内心一直有个小小的声音在呼唤："看见我啊！来爱我啊！"

为什么我们觉得倾听很难？因为我们忘不掉自己。而当我们怀着这么多私心杂念的时候，就没有办法全然地跟随对方、倾听对方了。

通过这次自我觉察，我越发体会到："所谓成长，就是实现独立生存、完成独立思考的自我奋斗。所谓成熟，就是对内消除傲慢，对外消除偏见的自我修行。"

最后用曾敏坚的一段话来做结尾吧："我，渴望，被照见，而不是被投射；被倾听，而不是被教导；被滋养，而不是被消耗；被看见，而不是被物化；被尊重，而不是被侵入；被接纳，而不是被评判；被鼓励，而不是被批评；被支持，而不是被打击；被信任，而不是被质疑；被欣赏，而不是被挑剔。然，我无法控制，会收到什么；但，我可以决定，收下什么。什么，流进心间；什么，留在门外。"

你对孩子的教育，是出于爱还是恐惧

如果我问你：“你相信自己的孩子吗？”你一定会回答：“当然相信！”可是，真的是这样吗？我们在意识层面都知道，孩子是独立完整的个体，他们和我们是平等的。然而在潜意识层面，我们却往往给孩子贴上“小孩”的标签。他们是小孩，我们是大人，小孩当然应该听大人的。

因此，我们对待孩子和对待大人的方式也是不同的。比如你的一个朋友跟你抱怨说不想上班了，你也许会很关切他发生了什么。但如果孩子说：“我不想上学了。”我们可能就没法这么平静了，各种担心、焦虑扑面而来，内心万马奔腾：啊！这么小就不想上学了？那以后考不上好中学怎么办？上不了好中学，进不了好大学怎么办？将来找不到好工作怎么办？难道一辈子啃老？那我这脸可往哪搁啊？

于是我们从孩子一句简简单单的话，推测出了他悲惨黯淡的一生。我们不相信孩子，看不到孩子，我们只看到自己内心的恐惧，一直在头脑里上演着“科幻恐怖大片”。

有一位妈妈忧心忡忡地问："我儿子才四岁，发起脾气来就说要打死我，要杀了我。他这么小就这么暴力，要是不严加管教，将来岂不是要去杀人放火？"这样的担心其实很典型，就是我们出于自己的恐惧，在这个恐惧下去推测孩子的未来。我们不相信自己的孩子，所以第一反应是，如果不严加管教，这个孩子将来肯定完蛋了。为了避免这样的事情发生，我们会采取各种手段，说教、讲道理，或者干脆打孩子一顿，让他知道错了。这样的教育，就是出于恐惧。

但如果我们对孩子的教育是基于爱和信任，我们首先看到的是孩子的愤怒。这时候我们的反应是：发生了什么事情让孩子这么愤怒呢？

很多时候，我们都混淆了孩子的情绪和孩子的行为。我们误以为孩子的话就是他即将要去做的事情，但其实并不是这样。孩子的话并不是代表他真的要这样去做，他只是在表达他的愤怒。他需要我们去倾听，帮助他缓解情绪。但我们会害怕，会担心，以为他说的就是真的。这就是我们的恐惧，是我们对孩子的不信任。

另一位妈妈说，她十岁的儿子在学校不愿意和同学一起玩，而是一个人看漫画。最开始妈妈总是纠结：“这孩子是不是在学校受排挤了啊？”“这么不合群，长大也不懂得人际交往，以后会吃亏的！”“是被老师批评了，还是被同学欺负了？这心理素质不行啊，一点小挫折都受不了，今后到社会上怎么办呢？”这就是拿着头脑编出的故事自己吓自己。

后来妈妈通过学习，调整了自己的方式，带着满满的爱，带着关切，去看孩子是不是遇到了什么困难，自己可以做些什么来帮助他。当妈妈带着这样的心和孩子交谈时，孩子也变得清晰通透起来。

如果我们不信任自己的孩子，就会生出各种担心、各种“万一”，这时候我们的注意力都在自己的恐惧里。我们迷失在自己的想象中，根本看不见眼前的孩子内心真实的渴望是什么，他究竟在为什么事情困扰。这个时候我们和孩子是背离的。而如果我们相信孩子，就只需要去感受孩子的感受，倾听他、陪伴他，孩子会在爱里向着光成长。

很多时候，我们对外在世界的看法，就是我们内在世界的呈现。当孩子出现某个行为时，我们对这个行为的解读，其实就是我们内心的投射。看到孩子不收拾玩具，我们就会想，哎呀，养不成好习惯可怎么办；孩子偶尔玩玩电脑游戏，就会担心孩子以后要是沉迷网络怎么办；孩子想要买玩具，又会想以后孩子看到什么就要买什么，不知道勤俭节约怎么办；孩子一哭一闹，就会担心以后凡是不满足都用哭闹来要挟怎么办。于是，我们根据孩子现在的一些阶段性行为，开始改写恐怖片剧本。有这么多担心和恐惧在，我们就很难看到现实中的孩子。

如果希望孩子养成归位的习惯，就带着他去做；如果觉得过多使用电子产品不好，就以身作则树立榜样，给孩子提供其他更丰富的材料和环境；如果感觉和孩子交流有问题，就积极地调整状态，创造有效沟通。同时看到养育是一个整体，偶尔的放松不会导致孩子行为偏差走上歪路。如果觉得一种生活状态是好的，那就活出这种状态来，而不是莫名地焦虑不安。

当我们觉察到自己的焦虑时，反观一下自己的内心，看看我们究竟在担心什么，在恐惧什么。同时问问自己，我的想法一定是正确的吗？孩子必须按照我的价值观来生活吗？我所担心的事一定会发生吗？多思考这三个问题，你会发现，很多时候都是我们自己恐惧，和孩子无关。

孩子将来所要面对的是三十年后的社会，我们并不知道那时的社会是什么样的。如果我们用过去的经验捆绑孩子，期待他在未来的社会里出类拔萃，这显然是不现实的。如果想让孩子在将来的社会里过得更好，现在就要让他过自己的生活，而不是延续走我们的老路。让孩子按照三十年前的生活方式去面对他们的世界，就好比拿着一张古代地图在现代都市里找路。所以我们要想一想，自己真的知道什么是对孩子好吗？自己真的能够预见未来吗？

很多时候，焦虑的父母们来提问，总是喜欢问怎么办。孩子的一个行为，希望老师能给一个具体的方法，觉得只要回去照着做了，孩子的问题就解决了。当我向他们解释孩子这种情况的成因时，他们又会说："你不用跟我说这么多，直接告诉我要怎么办就行了。"我无法告诉你具体怎么办，我不可能说出一二三，你回去做了，你孩子的问题就解决了。"怎么办"其实已经是很靠后的步骤了，之前还有很多铺垫，需要你运用智慧，在生活中慢慢地发现和领悟。

我们所有的学习都是在学习另一种思路、另一种视角。需要我们在现实生活中，运用自己的智慧去面对真实的孩子，用属于我们独一无二的方法，解决我们独一无二的问题。如果仅仅是去照搬别人的方法，你会发现方法总有用完的一天，而问题似乎层出不穷，越来越多，最后只能束手无策。

养孩子不是使用电器，没有现成的说明书。即便你阅读了再多的育儿书籍，也是为了回到你自己的内心。书籍是帮助你从更多角度了解孩子，而不是代替你去思考、去行动。无论读了多少书，请一定记得所有的知识和方法都是为协助你理解孩子服务的，最终还是要看你的孩子，而不是看书。生活是修行的最好道场，在你的恐惧没有化解之前，任何具体的方法都不能让你安心。

有些父母对孩子非常严苛，紧盯着孩子的一举一动，生怕自己不严加管教，孩子就会误入歧途。他们制定严格的规则让孩子必须遵守，否则就进行严厉的惩罚。还有一些父母，可能又走向了另一个极端。他们小心翼翼地跟在孩子后面，不敢约束，一味放纵，生怕自己哪里没做好，就会给孩子留下无穷大的心理阴影。这两种态度其实都是出自内心的恐惧，只不过前者是恐惧孩子不够好，后者是恐惧自己不够好。这一切，都和爱没有关系。

我们对孩子的教育，究竟是出于爱，还是出于恐惧，区别是很大的。同样，我们对待孩子的方式，让孩子感受到的是爱，还是恐惧，区别也是很大的。

如果我们倚仗自己的权威，对孩子命令、威胁、指责、打骂，孩子可能会服从，但那是出于恐惧。有一天当这些恐惧不再有威慑力的时候，我们的权威就荡然无存了。而如果我们带着关心，看到孩子行为背后的感受和需求，孩子体会到的则是理解和尊重。当亲子关系是建立在理解和尊重的基础之上时，反抗自然会化于无形。我不希望孩子服从我是因为害怕，我希望孩子愿意考虑我的感受是因为爱。

警惕自己的育儿优越感

带着叶儿、叶新在小区里散步，我发现小区的妈妈们都有自己固定的聚集圈子。走到第一个圈子旁边，听到大家在议论：“你看隔壁家×××，这么大了还在吃奶，难怪不好好吃饭，又瘦又小。她家大人也不着急。”走到下一个圈子旁边，听到的又是：“×××家娃从生下来就吃奶粉，现在抵抗力差，动不动就生病。那妈也太不负责任了，谁不知道母乳好啊。”

走到操场旁边，听到一群妈妈在说：“我家娃上三个兴趣班呢，上个月还拿了个全省钢琴一等奖。还是学学好，技多不压身，别等到上学了啥也不会，那时候就该自卑了，做父母的后悔可就晚了。”来到池塘边，又听到另一些妈妈在议论：“我家娃从来不上兴趣班，你看那些学这个学那个的孩子多可怜啊，这么小连玩的时间都没有，以后长大了是要付出代价的。”

听着大家的议论，想起我刚生叶儿的时候，仗着自己看了几本新概念养育的书籍，又参加了一些工作坊，于是整天把爱和自由、接纳与尊重挂在嘴边，似乎全世界就只有我最懂孩子了。家人的各种做法我都看不顺眼，觉得他们思想落后。走出去看到别人对待孩子的方式也是那么粗糙，完全不懂得孩子的心理啊，简直是错误一大堆，恨不得扑上去给对方上一课。

然而慢慢地我发现，当我抱着这样的心态去看待家人、看待其他父母的时候，我的内心是满满的优越感。我给自己冠上了“新育儿理念”妈妈的头衔，把其他人自动划归到了“旧”的一类，似乎我的方式才是最先进的，比别人的都要好。

在这样的心态下我们可能就会忍不住去比较：看看，×××是虎妈式的育儿方法，所以孩子胆小懦弱没主见。×××家一点都不懂教育，从来不管孩子，孩子都给养毁了等等。这种比较方式和我们看谁家孩子多背几首唐诗、多认几个字是一样的逻辑。实际上还是一种攀比，一种虚荣心。只不过当初是在比技能，现在变成了比性格。

相对于技能而言，孩子的性格更为主观，更没有一个统一的标准。可是只要有比较，就会带来焦虑，这种焦虑会干扰父母看清真实的情况，很难做出客观理性的判断，于是就很容易在这样的比较中迷失。甚至同样的行为，我们会出现不同的解读：孩子好商量，若他父母是奉行新教育理念的，就说他“体贴懂事”；若父母是坚持所谓传统教育的，就说他“懦弱服从”。孩子不好商量，自己阵营的，叫作“有独立思想，坚持主见，敢于质疑权威”；别人阵营的，就变成“只考虑自己，不顾及他人，顶嘴没规矩”。

我们甚至不需要去看孩子的全部生活，仅仅通过一些片段的表现，就已经在内心下了判断。在这样的比较之下，我们很容易获得自恋的优越感，也很容易陷入不确定感的恐慌中。

比较心之下的我们会不由自主地对孩子寄予一些期待。很多妈妈在学习了一些新的理念之后，以为自己对孩子已经放下了期待，但内心还是会纠结：我这么努力地用爱和自由对待孩子，为什么孩子的安全感好像还是不够？为什么孩子不像书上写的那样通情达理、内心强大？其实，这还是一种期待。我们期待用爱和自由的方式对待孩子，孩子就应该快乐健康、人格完整、内心强大、所向无敌。一遇到孩子不是这样子的，就开始自我怀疑，是不是哪里又做错了？是不是这一套理念压根就不对呢？

于是我们小心翼翼地跟在孩子后面，紧紧盯着他的一举一动，期待他至少要在某一方面比别人家的孩子强，这样才能证明我们的方法是先进的，选择是正确的，我们才有资格对外宣称自己是一个好妈妈。

而当孩子真的取得了某些成绩的时候，我们又会忍不住用自己孩子的优势去和其他孩子比较，以此来“增加”自己孩子的自信心。比如有时候我们可能会对孩子说：“你看你坚持练琴，现在进步多快啊，隔壁家丽丽就不如你弹得好。”“我家壮壮心态就是好，参加各种比赛从来都不紧张。你看小明，比赛输了还哭鼻子呢。”

我们以为这样的比较能够提高孩子的自信，让孩子有一些优越感。然而在这种“优势比较”中成长的孩子很难有同理心，不会有尊重他人的善意。他们也不会善待自己，一旦某次他们落到“劣势”的那方，他们会无情地批判自己，认为自己一无是处。

即便我们只比较孩子的优势，也很容易让孩子执着于在比较中得到些许虚幻的自信和快乐，然而这样的自信是建立在外部评价上的，很容易就像泡沫一样幻灭了。真正的自信建立在自我评价上，它不依赖于外界，而是来自孩子内心。自信是一个人对自己能力的认知，只有当一个孩子确信自己可以通过努力达成一定的目标时，他才会获得坚实的自信心。

小巫老师翻译过施泰纳的一段话：“在通往高层知识的道路上，我们必须学会，当听到对方观点时，将自己赞同或者反对的意见静音。不仅要静音智性的判断，还要静音一切反对、排斥，甚至赞同的感受。最关键的是，我们必须仔细地观察自己，确保这些感受，即便在心的表面没有体现出来，在其最深处也是不存在的。比如，我们必须学会倾听比我们‘低下’的人所说的话，按捺住任何优越感或者‘我更懂’的感觉。”读到这段话时我无比震撼。如果不能放下内心高低比较的评判，又如何能够如其所是地看到对方呢?

对于其他孩子也心怀善意，接受自己孩子的独特性，也接受所有孩子的独特性，不盲目比较孩子。既不要求自己的孩子达到某种统一的标准，也不要求别人的孩子达到自己认定的标准。所有父母的教养方式都不同，任何父母都没有权利要求其他父母遵从自己所信奉的教养方式。

坚持自己相信的道路，同时尊重他人的选择，看到我们彼此之间仅仅是差异。因为我们过往的全部经验决定了我们现在会有不同的观点，这并不代表我们之间有高低优劣、先进落后之分。我们坚定地践行自己想要的生活，也包容接纳其他不同的方式，不去简单粗暴地评判，或许我们的孩子也会在这样的生活中多一份成长的自信与从容。

你是在接纳，还是在忍受

“接纳”这个词，大概是目前育儿界最流行的词了。无论是对于孩子的行为，还是对于自己的一些状态，我们常常会提到“接纳”。

我曾经在一个沙龙里听到一些妈妈互相倾诉，亲子关系不和谐怎么办，夫妻关系不亲密怎么办，婆媳关系太痛苦怎么办，生活得太郁闷怎么办。于是，在这个时候，一个高端大气上档次能给我们带来很多心理安慰的词——“接纳”——就闪亮登场了。仿佛一切痛苦的事情发生后，只要举起“接纳”这面大旗挥舞一下，就万事太平了。孩子的行为看不惯了，告诉自己要接纳；和丈夫无法沟通了，忍着气告诉自己要接纳；快被婆婆逼疯了，咬着牙继续强迫自己接纳。

于是接纳和忍受就开始混淆，对自己的“接纳”仿佛是强行说服，对孩子的“接纳”好像变成了纵容。我们有没有想过，我们所做的这一切，真的就是接纳吗？

当我们说接纳孩子的时候，并不是孩子做什么都允许，而是了解孩子所有的行为背后都有他的渴望和需求，明白孩子现在所呈现出来的状态是有原因的，是和孩子的内在性格，以及父母之前的养育方式相关联的。但不代表当孩子的行为干扰到我们的时候，我们要听之任之、无动于衷。

当我们说接纳自己的时候，并不是自己做什么都理所应当，而要认识到自己现在的状态是受到成长的环境、过往的经历，以及自身的局限等因素影响的。但不等于我们可以沉溺于过去，给自己找各种理由怨天尤人。接纳不是理直气壮地把所有责任都推给他人和环境，那不是接纳，是逃避，是推托，是找借口。

比如经常会有一些新闻报道“熊孩子”的不可接纳行为，我们可以理解这些孩子在很大程度上受到了他们所在家庭教育方式的影响，但不等于我们可以允许他们继续为所欲为，不去纠正。同样，如果一个成年人因为原生家庭的伤害而形成了一些性格方面的缺陷，我们能够对他的成长经历表示理解，但不等于他就应该以“接纳”为借口，继续沉溺过去、抱怨他人。

我们无条件接纳的，是情绪和行为背后的原因，而不是满足孩子的所有要求。我曾经看到过这样两个案例：一个非常执拗、正处在秩序敏感期和肛欲期的孩子，有一次尿床了，不许妈妈换床单，非要尿在床上。妈妈拿盆接了一半，还一定要倒回床上，不倒就哭。于是妈妈就一直端着尿盆，不敢去倒掉，站在那里跟孩子讲道理。

还有一个爸爸说他家孩子每天晚上在外面玩到很晚都不愿意回家，于是孩子睡得晚，起不来，第二天上学迟到。爸爸说："他玩不够就是不回家，无论我怎么说他就是不回，我也没办法啊。老师不是说要接纳孩子，要满足孩子的需求吗？"

这样的情况还真不是接纳。千万不要说我接纳孩子，所以让他玩，让他尿。那不是接纳，是顺从，是纵容，是溺爱。

我们说接纳孩子是指不因为这个行为就否定、评判孩子。我们不说尿床的孩子就是坏孩子，就羞羞脸。我们理解孩子是因为处在肛欲期，所以才会尿床，处在秩序敏感期，所以不同意换床单。我们不去评判晚上不想回家的孩子就是贪玩、不懂事，而是去感受和倾听他的需求是什么，要怎么做才能既满足孩子的需求，又不影响正常的作息。

所以，真的别总是言必称"接纳"了。你真的是在接纳，还是在忍受？接纳和忍受有什么区别呢？

忍受是在自我能力不足的情况下，因为没有办法、无能为力，只能选择压抑。当我们忍受时，我们的态度依旧是敌对的、斗争的，只不过那是一种无奈的、无声的斗争。而当我们真正接纳的时候，是对过去发生的一切有一个清晰的全盘的认识，意识到无论过去发生了什么，自己都全然承认它们的发生，并从此刻开始为自己的现在和将来负责。

很多时候，我们往往以为自己在头脑层面接纳了，这件事情就真的接纳了。但你的身体会告诉你，你究竟是在接纳还是在忍受。当我们接纳时，心是敞开的，身体是放松的，人是放下期待的，对自己、对他人都是负责任、无伤害的。而当我们忍受时，心是紧缩的，身体是紧绷的，期待是被压抑的。忍受终有一天会变成忍无可忍，所有积攒下来的情绪全都爆发出来，要么伤害自己，要么伤害别人。

当我们真正接纳一个人的时候，我们有能力看见对方、尊重对方，不去强迫对方改变，但同时也不失去自我。我不会要求你一定要按照我的想法来改变，而我也不是按照你的期望去生活，因为我们各自有各自的生活方式。接纳不是妥协，而是尊重彼此的界限，不推卸责任，不强行控制。一个有接纳能力的人，是真正能为自己负起责任的人，他不会期望别人为自己的生命负责，也不会依赖对方来承担自己的生活。

接纳不等于放纵，接纳不是逃避的挡箭牌，不是消极放任的幌子，而是始终尽自己所能，做好自己可以做的，在那个当下为自己负责。允许一切如其所是地发生，不抗拒、不执着，就像山林里的树木，允许风从自己身上穿过。同时，在自己还无法做到的时候，允许自己暂时做不到，不强求、不催迫，给自己多一些时间和耐心。

接纳是一种状态，而不一定是某个具体的行为。一个有接纳品质的人，可以用接纳的状态，选择接受或者不接受。我们并不是一定要求自己凡事必须接纳，而是在这种状态下，我们有了选择的权利。你可以选择一致性表达，也可以选择调整自己；你可以选择接纳自己的不接纳，也可以干脆选择不接纳。不同的是，你知道自己在做什么。

接纳自己祈祷文

- 我接纳我的过去，无论我做错了什么，我选择从中吸取教训，而不是不断地自责。
- 我接纳我的情绪，无论产生何种负面情绪，我选择正视、关注和体验它，从中了解自己的思想和问题，并给予建设性的解决。
- 我接纳我自己，没有任何条件，这是我的人生态度，也是我的权利。
- 我有权利快乐，我有资格成功；我有权利不快乐，我有资格不成功……
- 虽然我经历过很多失败，犯过很多错误，但那些都是人生的一部分，是我成长的阶梯。
- 我接纳自己的现在，虽然我有很多缺点和不足，但我珍惜自己所拥有的一切，尊重自己生命的尊严、价值和独特性。
- 我接纳自己的全部，虽然我不完美，但当下的我所能做的已经是我最好的表现，我相信自己未来会做得更好。

·后记·

我的选择，无须孩子证明

有一次，我给一个幼儿园的家长们介绍倾听孩子的方式，谈到了打骂不能起到教育孩子的作用。分享结束后，家长们都陆续退场了，一位妈妈义愤填膺地找到我说：“孩子皮起来根本不听话，不打怎么办？你们这些宣扬不打不骂教育孩子的，你们的孩子都养得很成功吗？我看你儿子在院子里玩了半天，也没看出他有什么过人之处啊。”我愕然：“是啊，他就是一个普通孩子啊。您为什么生这么大气呢？”

她没回答我就走了，但她的话却引起了我的深思。我的孩子，需要成为我作为一个合格母亲的证明吗？甚至要成为检验一种育儿理念的标本？让这样无辜的稚子来背负主流和世俗的评判，难道就真的能够说明问题吗？

不知什么时候开始，我们变得崇尚“唯成功论”“唯结果论”，孩子的成功等同于父母的成功，孩子的荣耀等同于父母的荣耀。更有人直言不讳：“要知道一种理念是好是坏，就看在这种理念下成长起来的孩子是不是比其他孩子更优秀，是否个个都有成就。”

在这种论调下，孩子变成了父母的“军功章”，父母拥有决定孩子命运的“上帝之手”。更有甚者，孩子成了父母“好坏”的证明。如果你的孩子不比别人家的优秀，那么你就没资格谈论什么“爱与自由”“无条件养育”“安全感”等等这些五花八门的理论。

这个论调的背后是一个简单粗暴的逻辑：你宣讲新教育理念，那么你的孩子当下的每一个状态就都应当是这个教育理念水平的反映。所以你的孩子应该通情达理、深明大义、懂事自律、成绩优异。而这样的评估标准背后，实际上是随机而片面的。我们不可能从一个简单的片段来推测一个孩子的状态，更无法从他现阶段的某些表现去预测他的未来，从而去评判他的家庭教育模式。

但是这样的想法长期存在于每个人心里，看上去无懈可击。难道不是吗？一种教育模式好不好，就应该看孩子的状态，看孩子的成就，看孩子结出什么样的果子。可是很少有人愿意给孩子足够长的时间，用客观的标准，以及毫无偏颇的眼光去看他们。我们紧盯着孩子的一举一动，期待他们至少在某一方面有所成就，以证明我们的选择是正确的。只有这样，我们才相信自己是一个合格的母亲。

可是一旦去追求“证明”，便会执着于结果，固囿于成败。

于是父母们战战兢兢，不断地提醒自己责任和目标，认为孩子表现如何取决于我也代表了我。我是妈妈，应该怎样；他是孩子，必须怎样。或者，我要把孩子培养成一个什么样的人，如果没有达到，就是我教育失败。这样的自我期待已经是“天经地义”或者“理所当然”了。但如果总是有这样的自我期待和定义，父母的压力和担心就会很多，害怕自己不是一个好妈妈，害怕自己某一个行为给孩子造成心理阴影，无法放松，对未来充满恐惧。

同样，也有人说：“叶月幽你学了这么多东西，你的孩子一定特听话、特懂事吧？”“你一定不会遇到育儿难题，也没有家庭矛盾吧？”

其实不是。我成为一名家庭教育讲师，是因为我通过了一系列的学习和考核。能够讲授这样的课程，不代表我做得就一定比别人好，更不代表我的孩子一定比别人优秀。更何况，“优秀”和“成就”的定义又由谁来评判呢？

虽然我参加了不少“导师班”，但相对于“导师”这样一个“高大上”的称谓，我更愿意做一个分享者。我不是正确的化身，我所说的内容也不是真理。我希望我提供的是一种思路、一些视角，让大家可以多角度地看问题，从而找到属于自己的处理方式。

其实生活中的我，何尝不是在摸索中前进、在曲折中迂回呢？

叶儿三岁多时，曾有一段时间我公公患脑出血住院。叶儿爸不在，我需要一天三次往返医院送饭，而已经发布出去的工作坊和讲座也必须按时举行。每天早早把叶儿丢到幼儿园，开始兵荒马乱的一天。晚上把俩娃都哄睡后，忍着困意爬起来继续熬夜。加上叶新数次夜奶，严重缺乏睡眠的我，血槽立马见底。

我开始对叶儿大呼小叫，被他的执拗气得七窍生烟，会因为他生病对着老师碎碎念，恨不得把他丢到幼儿园再也不接回来。有时会感慨，三岁以前那个软软糯糯的小萌娃去哪儿了？他是怎么忽然变成现在这个赖皮猴的？是不是有人在晚上把他从床边偷去换了一个娃？

叶儿发脾气的时候，我把他拉在怀里，在震耳欲聋的哭叫声中，一边倾听，一边坚持我的原则。每当这时，强大的无力感就会包裹住我。我无可奈何地想着，所有践行新教育理念的妈妈，要有怎样一颗备受打击又无坚不摧的心啊！

晚上临睡前，我搂着叶儿，问："你知道我喜欢你吗？"叶儿说："知道呀，我也喜欢你呀。"我说："我凶你的时候你也喜欢我吗？"叶儿低声说："你凶我的时候我好伤心，但我还是喜欢你。"我问："为什么？"叶儿把两手一摊："因为你是我的妈妈呀！"

这是一个三岁多孩子给我的答案。我什么都说不出来，只能默默地搂紧了他。他爬起来，在我的额头上偷偷吻了一下，然后像一条泥鳅一样，飞快地钻到了枕头下面。那一瞬间，我忽然有了一种力量。我养孩子，不是在搭建样板间，让别人夸赞我是一个多么牛的妈妈，以此来寻找存在感。我不需要叶儿的行为规范符合什么主流评判标准，也不需要他来证明我作为一个母亲的正确性。我的孩子，就是他自己，而不是某种教育模式的所谓代言人。我知道，他的特立独行，他的桀骜不驯，都是在向全世界宣告："我不是你，我就是我自己，我不为任何人的梦想而生，我全然独立。"

是的，孩子和我们是两个完全独立的生命，只不过孩子的生命是经由我们而来。生命，是一个历程。生命和生命是平等的，是一种相遇。亲子，只不过是我们和孩子相遇的形式；而亲子生活，是我们和孩子一起相处的时光，是人世间最温暖、最紧密、最深入的联结。

因为是历程，我们只需要陪伴就好，不必要求自己去做孩子的生活导师和精神领路人，你只要去爱他就好。两个独立的生命之间，因爱相遇，由爱成长。

因为是相遇，故而珍惜。总有一天，孩子会不那么需要我们；总有一天，我们此刻所有的纠结和焦虑都会成为回忆。到那个时候，那些让我们感念的，一定不是某一种荣耀是否达成；真正让我们感念的，是我们和孩子相处时的细节和温情。

我们都在以自己的方式成长着，即便有失误，即便有倒退，我们和孩子也一直在彼此陪伴、共同成长。我们坚持走在这条路上，不是因为这条路一定会通往成功，而是因为这是我们自己选择的路。我们选择用这样的方式对待孩子，不是为了培养什么“神童”，而是因为这是我们的生活准则，是我们的价值观。